U1070701

33IQ在线思维训练平台 编

挑战福尔摩斯

Sherlock Holmes

Proficient in divergent thinking games

玩转发散思维游戏

中国法制出版社
CHINA LEGAL PUBLISHING HOUSE

序言

我们必须知道，我们必将知道

当我听李仕龙先生说《挑战福尔摩斯》丛书即将再版时，我的内心是激动和开心的。《挑战福尔摩斯》是一套汇集了33IQ平台各类经典问题的青少年智力训练题集。

整套书共分为三本，第一本以逻辑思维为主，通过常见的逻辑题和解题方法培养读者严密的逻辑推导能力；第二本以发散思维为主，通过空间联想、词汇联想和趣味开放性问题重点培养读者的创新发散思维；第三本以侦探推理为主，结合各类有趣的破案故事培养读者的观察分析和逻辑推理能力。

作为一名高中数学竞赛教练，我已经在33IQ平台完成了近10000道智力题，其中有锻炼计算能力的数学题，有培养创造力的趣味益智题，有提高想象力的脑筋急转弯，有改善思维力的逻辑推理题，还有形成观察力的图形视觉题。33IQ作为拥有海量智力题库的在线思维训练平台，正默默地为不同年龄的用户提供着个性化的思维训练。我经常将33IQ平台推荐给天一少年部的孩子们以及身边的朋友，孩子们会经常因为在平台上发现了一些有趣的问题或解法而兴奋不已。

毫无疑问，《挑战福尔摩斯》正因其有趣的逻辑问题和智力游戏受到越来越多的青少年欢迎。33IQ 平台也已不仅仅是智力题库，它还在引导当代青少年关注自己的大脑，培养青少年的批判精神和发现谬论的能力。

实际上，在如今全球疫情的影响下，我们获取的很多信息都来自于媒体甚至是自媒体。但在这个信息泛滥且信息来源多样化的时代，很多人失去了发现谬论的能力。正如周国平在其《人生哲思录》中所言，每个人都睁着眼睛，但不等于每个人都在看世界，许多人几乎不用自己的眼睛看，他们只听别人说，他们看到的世界永远是别人说的样子。疫情期间，我除了看到人类为战胜病毒体现出的人性美好的一面，还看到了漫天飞舞的谣言。古人常说谣言止于智者，那么什么样的人才能称得上新时代的智者呢？

我们生活在一个被信息淹没的环境中，我们居住的世界看起来很符合逻辑。我们所说的，我们的行为方式，我们必须作出的复杂选择，哪条是回家最便捷的路？我能非常信任你们吗？你们都来自哪里？这种对上述事实产生判断的过程也就是区分真话和假话的过程。为了辨别信息的真假，人类早已创造出最简单但很有力的工具——逻辑。

逻辑是哲学、科学、数学、语言的引擎。逻辑本身不是知识也不产生知识，它所做的是为我们提供一套严谨的规则，用来组织和运用我们所学的知识。即使如此，我们通过逻辑获得的结论质量通常取决于我们投入的思想的质量。

关于逻辑有两个非常经典的小故事：

一个是三个逻辑学家的故事：三个逻辑学家走进酒吧，招待员说："绅士们，你们三位都需要啤酒吗？"第一个逻辑学家说："我不知道。"第二个逻辑学家说："我不知道。"然后第三个逻辑学家说："嗯，我们都要啤酒！"

另一个是中国古代的寓言故事：楚人有鬻盾与矛者，誉之曰："吾盾之坚，物莫能陷也。"又誉其矛曰："吾矛之利，于物无不陷也。"或曰："以子之矛，陷子之盾，何如？"其人弗能应也。夫不可陷之盾与无不陷之矛，不可同世而立。

这两个有趣的小故事向我们展示了逻辑的力量，同时也告诉我们如何发现谬论。在两千多年前亚里士多德就意识到年轻人需要一个工具，去发现他们在书中杂志中遇到的谬论。他希望年轻人能够拥有发现谬论的能力。于是，伟大的先哲亚里士多德创造了著名的三段论。三段论能够支配好的推理、清晰的思维以及可靠的争论。

我常常思考一个问题：在这样的时代里，我们如何才能洞察时代的真相？曾经在知乎网上看到一个词："后真相时代"，意思是如今我们所处的时代是一个对事实和数据的解读越来越不一致的时代；是一个事实与观点之间的界限变得越来越模糊的时代；是一个被自媒体传播的个人经验和看法包围的时代；是一个人们越来越不信任以往受人尊重的事实性信息来源机构的时代。其实虚假信息本身从来不是最麻烦的事情，无法辨别真假才是。在所谓的"后真相时代"，如何重新找回辨识真假信息的能力，恐怕是这个时代人们无法回避的话题。

罗素有句名言：这个世界最大的问题在于聪明的人总是充满困惑，愚蠢的人则总是坚信不疑。有人曾问爱因斯坦："你获得了如此巨大的成功，我们很想知道你的头脑里经常记些什么？"爱因斯坦回答道："问题。"现代科学认为问题是思维的起点，问题是创新的前提。教育的目的也是让人们不断提出问题，思考问题，培养问题意识。数学界的无冕之王希尔伯特曾于 1900 年 8 月 8 日在巴黎第二届国际数学家大会上提出了新世纪数学家应当努力解决的 23 个数学问题，被认为是 20 世纪数学的制高点，对这些问题的研究有力地推动了 20 世纪数学的发展，在世界上产生了深远的影响。对于这些问题，希尔伯特本人也满怀信心地宣称："我们必须知道，我们必将知道。"

《挑战福尔摩斯》作为一套智力题集，汇集了 33IQ 平台上古今中外的各类经典问题，这些问题都非常的迷人，这将吸引一批批青少年来认真思考它们。人类的智慧起源于问题，人类的文明起源于智慧，正如33IQ平台首页写的一样：人在思考时，大脑释放的能量可以点燃一盏灯，也恰恰是这些能量点亮了人类文明的灯塔。

全国高中数学联赛优秀教练员

中国数学奥林匹克一级教练员

江苏省天一中学　李伟

2020 年 10 月 21 日

目录

Part 1 空间翻转

Part 2 图形分拼

Part 3 词汇推理

Part 4 词汇联想

Part 5 看图猜谜

Part 6 趣味数学

Part 7 趣味几何

Part 8 巧移火柴

Part 9 创新思维

Part 1
空间翻转

所谓空间翻转题，就是将一个旧图形经过翻转、折叠、旋转等操作后，选出新的图形来的题目。空间翻转题对空间想象力和空间感知能力的训练是非常有帮助的，它能培养人们对客观事物的空间形式（空间几何形体）进行观察、分析、认知的抽象思维能力。有人抱怨自己常常迷路，这就是空间感知能力不足的表现，赶紧来做做空间翻转题，加强空间感知能力的训练吧！

两点一面

请问给出的四个选项中，哪一项能拆成左边的图形？

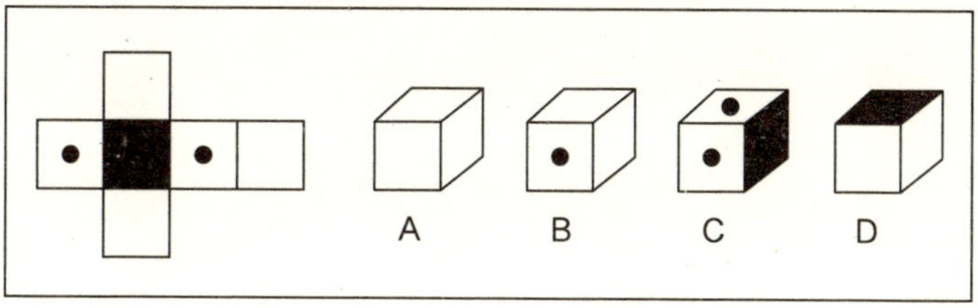

A. 图形 A　　B. 图形 B　　C. 图形 C　　D. 图形 D

答案与解析

答案：B

解析：观察图形可以发现，左边图形中的两个黑色小点在拼接之后应该是在相对的两个平面上，可排除 A、C、D 项，故答案为 B。

三点两面

请问给出的四个选项中，哪一项能拆成左边的图形？

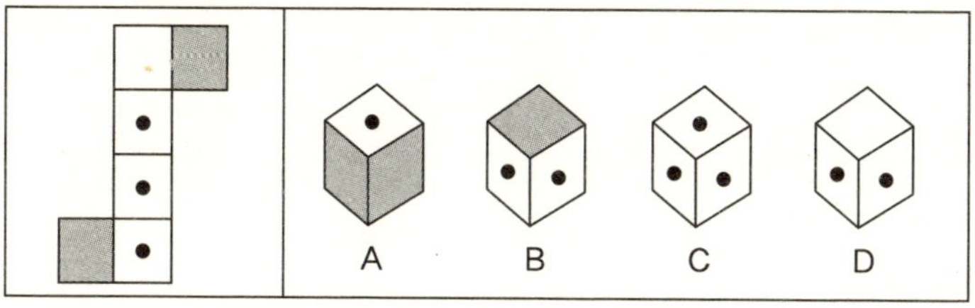

A. 图形 A　　B. 图形 B　　C. 图形 C　　D. 图形 D

答案与解析

答案：B

解析：从纸板可以看出，两个阴影正方形的位置只能是相对的，所以A、C、D项可以排除。答案是B。

弯曲的封闭曲线

一条弯曲的简单封闭曲线被一张纸盖住了，纸中间有一个正方形的洞，如图所示。如果区域A是在曲线的内部，那么请问B是在封闭曲线的内部还是外部？

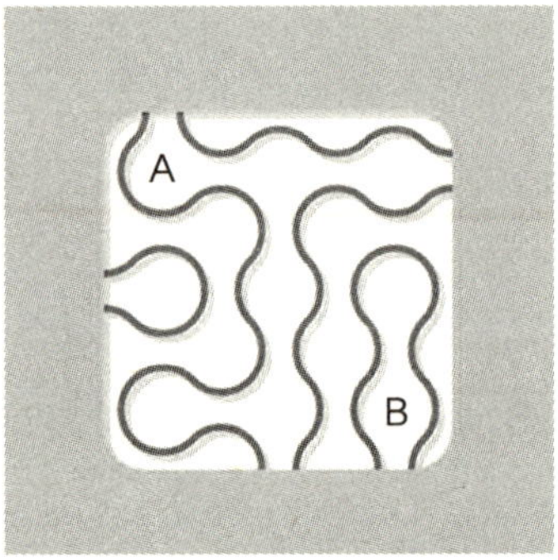

A. 内部　　　　B. 外部

答案与解析

答案：A

解析：能够得出这样的结论是因为一个关于简单封闭曲线的有趣理论：所有在封闭曲线内部的区域之间的连线将与偶数根线相交，所有在封闭曲线外部的区域之间也是这样。而在封闭曲线内部的区域和封闭曲线外部的区域之间连线则与奇数根线相交。零也是偶数，因此如果两个区域之间没有与任何线相交的话，则它们都在封闭曲线的同一侧，该理论仍然成立。

当我们无论通过什么路径，将 A 和 B 连起来时，我们的连线都与偶数根线相交。图中虚线展示了其中一种连线方式，此时这条虚线与四根线相交，是偶数。因此我们可以肯定，无论被遮盖的部分是怎样的，B 都在封闭曲线的内部。

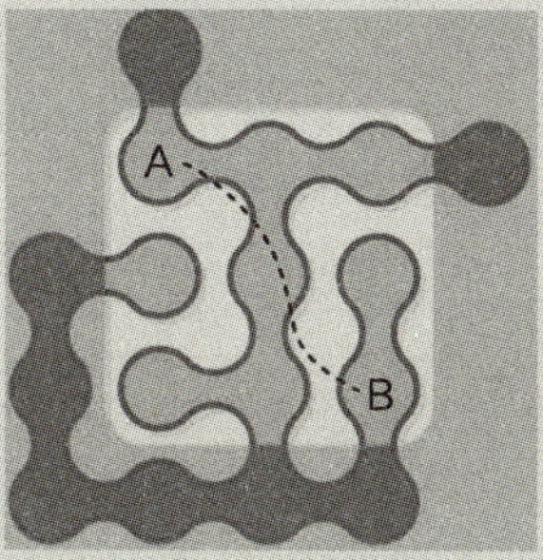

折叠六面体①

请问给出的四个选项中，哪一项能拆成上边的图形？

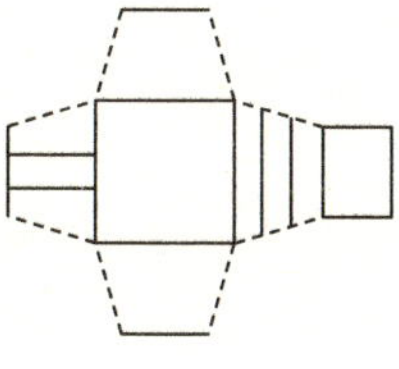

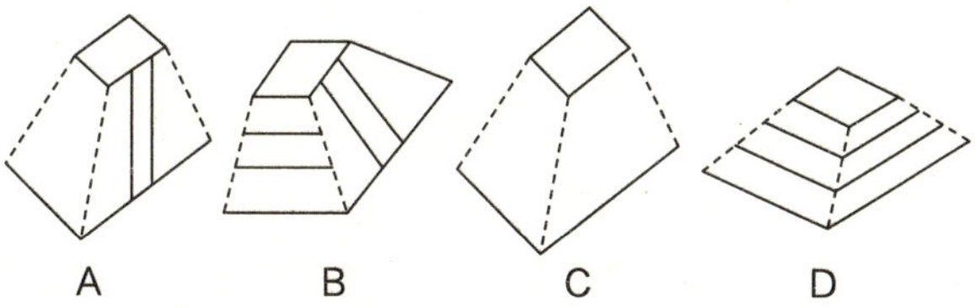

A. 图形 A　　B. 图形 B　　C. 图形 C　　D. 图形 D

答案与解析

答案：A

解析：横线与竖线所在面相对，排除B、D项，两个全白侧面相对，排除C项，选A。

折叠六面体②

请问给出的四个选项中，哪一项能拆成左边的图形？

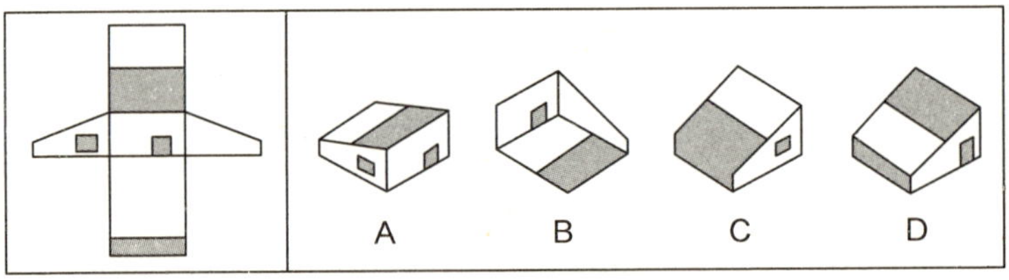

A. 图形 A　　B. 图形 B　　C. 图形 C　　D. 图形 D

答案与解析

答案：A

解析：首先，纸板的两个阴影部分在折叠后是不可能连在一起的，故B、C项排除，而D项中小阴影块的位置显然错误，因此也不能选。答案就是A。

折叠六面体③

请问给出的四个选项中，哪一项能折成左边的图形？

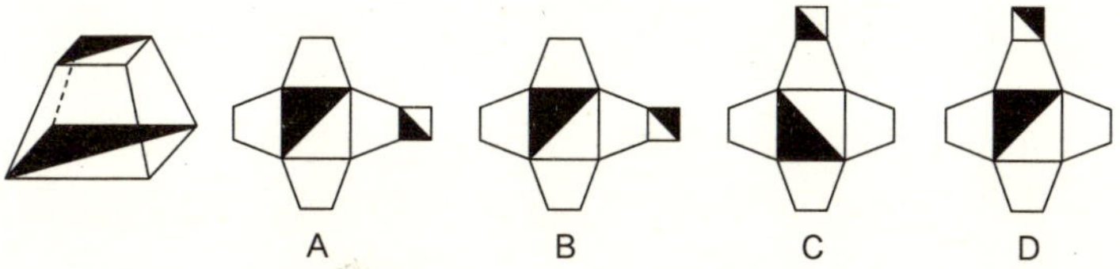

A. 图形 A　　B. 图形 B　　C. 图形 C　　D. 图形 D

答案与解析

答案：B

解析：两个黑三角是相对关系，故选 B。

涂鸦六面体①

请问给出的五个选项中，哪一项能拆成左边的图形？

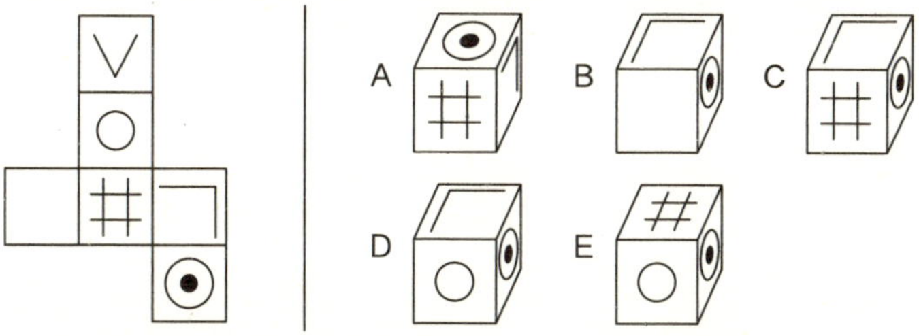

A. 图形 A　　B. 图形 B　　C. 图形 C　　D. 图形 D　　E. 图形 E

答案与解析

答案：C

解析：由井、㇆、⊙三者位置关系推出正确答案是 C。

涂鸦六面体②

请问给出的五个选项中，哪一项能拆成左边的图形？

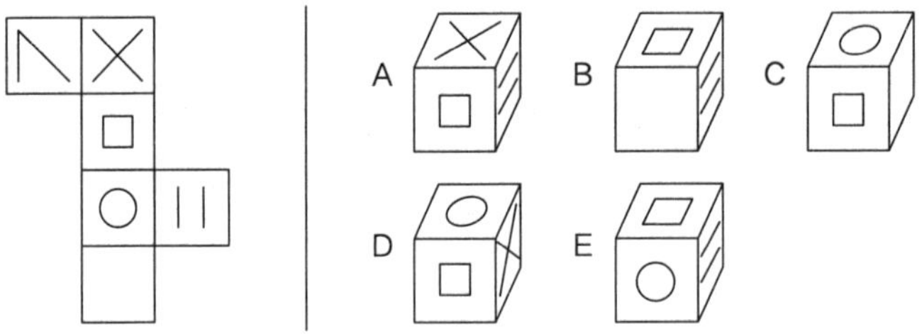

A. 图形 A　　B. 图形 B　　C. 图形 C　　D. 图形 D　　E. 图形 E

答案与解析

答案：A

解析：经过尝试得知左边的图形可折成图形 A。

绿色的对面

下面是一个正方体三种不同角度的视图，请问绿色的对面是什么颜色？

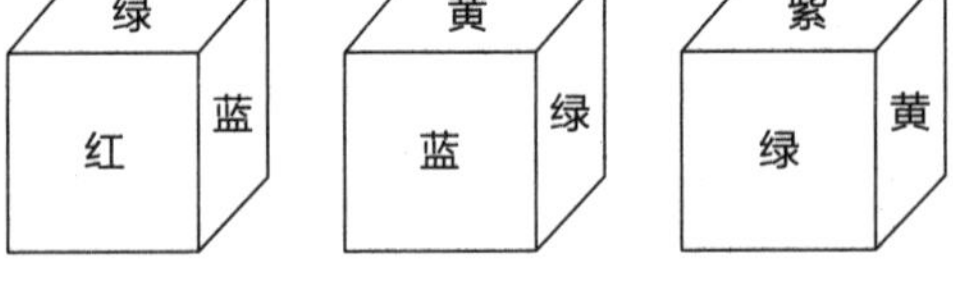

A. 红色　　B. 黄色　　C. 蓝色　　D. 绿色

E. 紫色　　F. 任意颜色

答案与解析

答案：D

解析：三个视角都有绿色，不妨假设图中三个绿色都是同一个面，会发现矛盾，故正方体的绿色面肯定不止一个。再由红、黄、蓝、紫共四种颜色的位置关系推出：有两个绿色的面。

然后把三张图从左到右分别编号 1、2、3，作假设：

一、1 和 2 是同一绿色面（发现矛盾，排除）；

二、1 和 3 是同一绿色面（没有矛盾）；

三、2 和 3 是同一绿色面（发现矛盾，排除）。

所以正方体的外侧展开图如下：

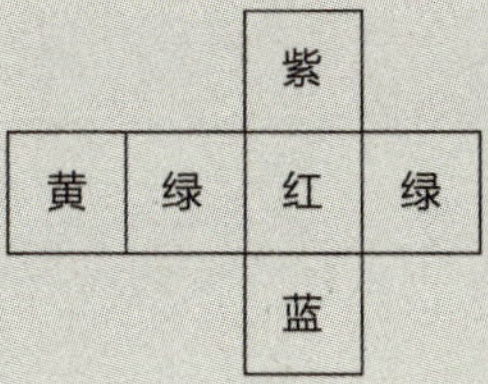

拆解骰子

请问给出的四个选项中，哪一项能拆成左边的图形？

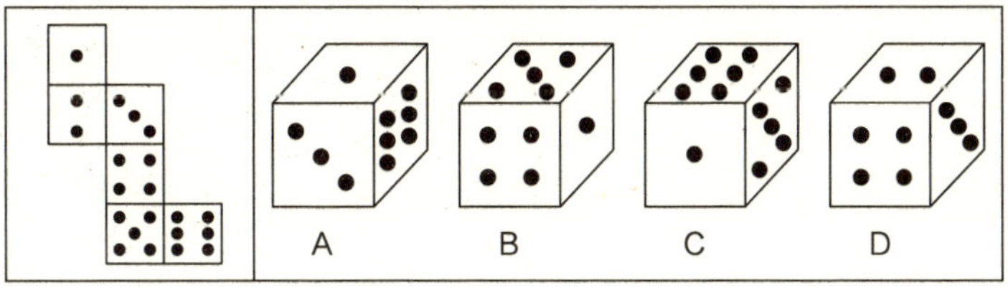

A. 图形 A　　B. 图形 B　　C. 图形 C　　D. 图形 D

答案与解析

答案：A

解析：本题考查空间重构。这个题目先看平行面，可以排除B选项，因为1点面和4点面是平行的，不能相邻。C选项可以用三面相邻时针法，题干划时针1到5到6，是顺时针，而C选项是逆时针，故排除。D选项中2点面和4点面相邻时，2点连线垂直相交，故排除D选项。所以选择A选项。

涂鸦六面体③

请问给出的四个选项中，哪一项能拆成左边的图形？

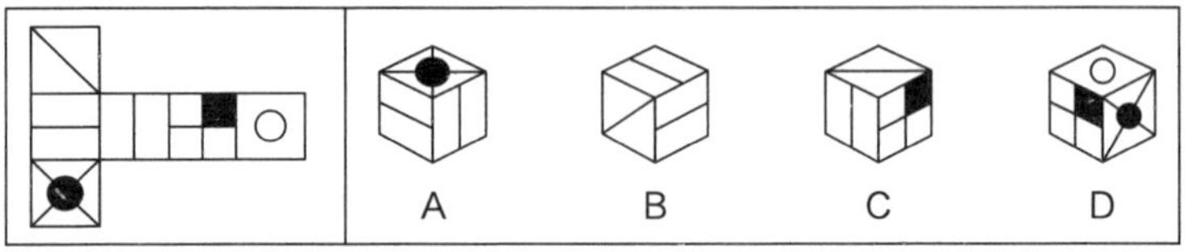

A. 图形 A　　B. 图形 B　　C. 图形 C　　D. 图形 D

答案与解析

答案：C

解析：A选项的错误在于，如果“竖直线”这个面的上方是“两条直线相交和一个黑色的圆”所在的面，那么“竖直线”这个面的左侧应为“带有一个黑色方块”的面；B选项的错误在于，如果“横直线”这个面的上方是“竖直线”所在的面，那么“横直线”这个面的左侧应为“两条直线相交和一个黑色的圆”的面；D选项的错误在于，如果“带有一个黑色方块”的面的上方是“空圆圈”所在的面，那么“带有一个黑色方块”的面中“黑色方框”一定在左侧，而不应像D选项那样在右侧。

拆盒子

请问给出的四个选项中，哪一项能折成左边的图形？

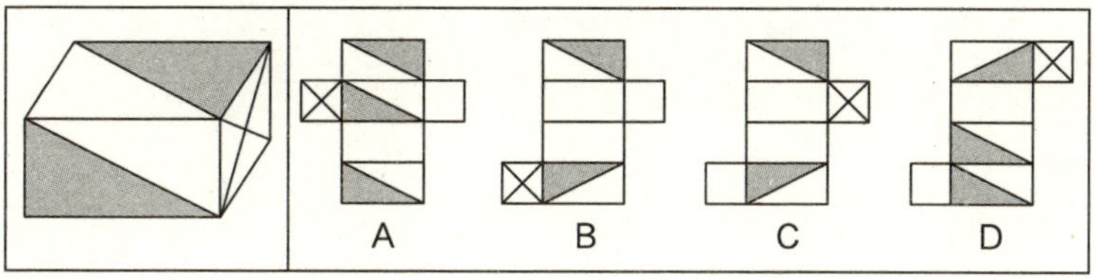

A. 图形 A　　B. 图形 B　　C. 图形 C　　D. 图形 D

答案与解析

答案：A

解析：解此类图形要注意相邻面的位置。注意侧面和正面的位置，正确答案为 A。

重叠的骰子

把两个骰子重叠放在一起，已知重叠部分两个面的和为 8，如果上面骰子的顶面是 2，请问下面骰子底面的数字是多少？

答案与解析

答案：4

解析：因为上面骰子的顶面是 2，且同一骰子的对应面和为 7，所以上面骰子的底面是 7−2=5；

因为重合部分的和为 8，其中上面骰子的底面为 5，所以下面骰子的顶面是 8−5=3；

因为下面骰子的顶面是3，且对应面和为7，所以下面骰子的底面是7−3=4。

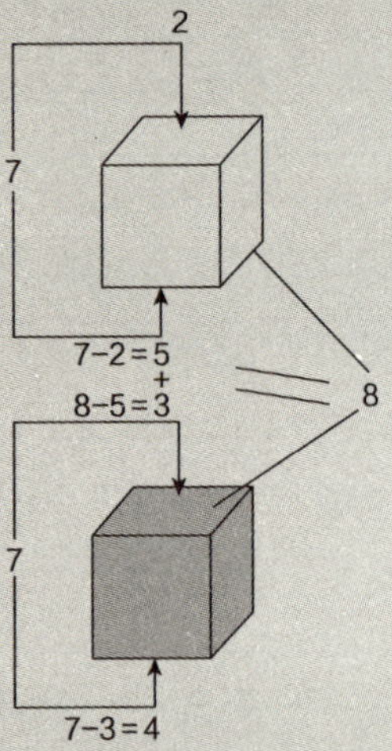

多变的任意面

正方体如下图所示切掉了一部分。现在从任意面剖开，请问下面哪一项不可能是该多面体的截面？

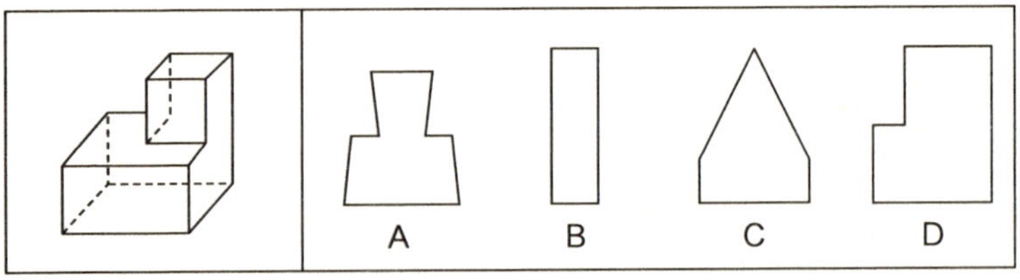

A. 图形 A　　B. 图形 B　　C. 图形 C　　D. 图形 D

答案与解析

答案：C

解析：A、B、D 均可得到，如下图所示。

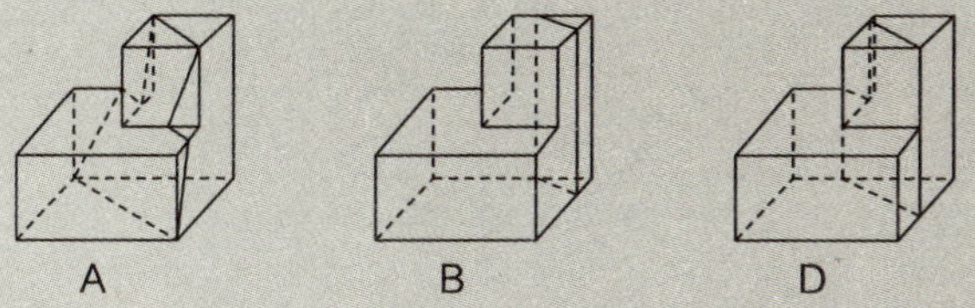

翻骰子①

在如图所示的 4×4 方格中，在 A 处放着和 1 格大小相同的骰子，顶面是 1 点，底面是 6 点。现在请自由翻动骰子，但不能滑动，也不能移出方格外。如果要将骰子由 A 点翻到 P 点，并且 6 点朝上，请问最少要翻多少次？

A	B	C	D
E	F	G	H
I	J	K	L
M	N	O	P

A. 6　　B. 8　　C. 10　　D. 12

答案与解析

答案：B

解析：需要 8 步，如 A–B–F–G–K–J–N–O–P。

翻骰子②

请问当骰子按轨迹滚动到灰色区域时，上方的数字是什么？（常规骰子）

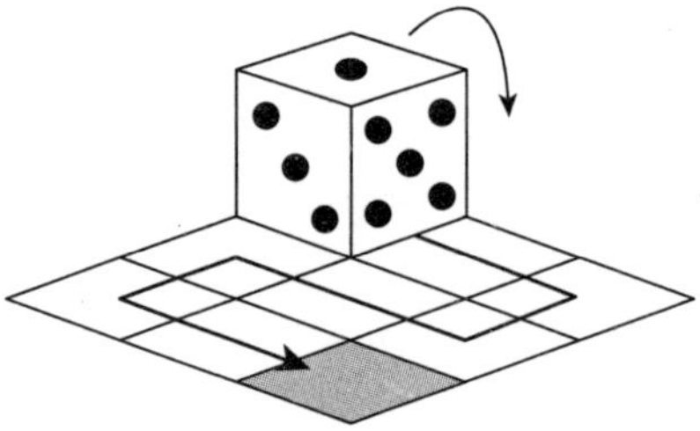

答案与解析

答案：6

解析：取一枚骰子照着滚一遍即可知是6。

旋转正方体

将一个立方体绕着它的对角线 AC_1 旋转一周，请问会得到下面哪一种立体图形？

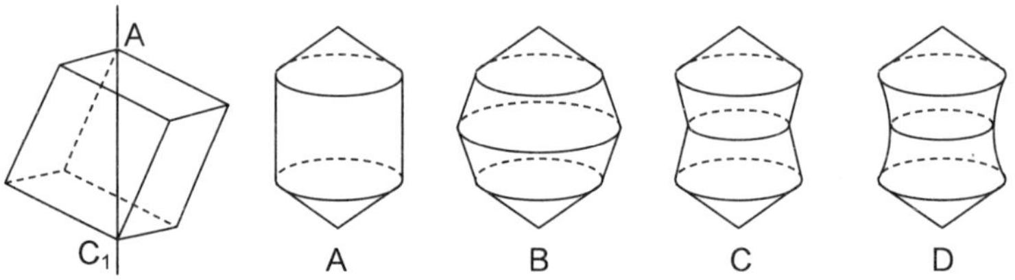

A. 图形 A　　B. 图形 B　　C. 图形 C　　D. 图形 D

答案与解析

解析：答案是D，旋转区域如下。

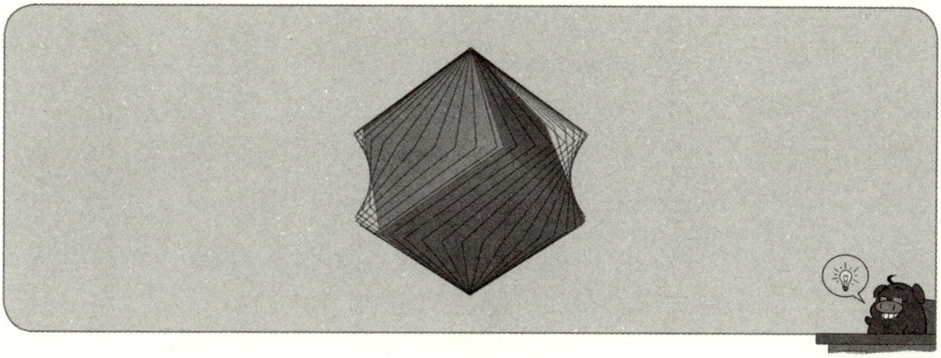

纸片上的小洞

如下图，将正方形纸片由下往上对折，再由左向右对折，称为完成一次操作。按上述规则完成五次操作以后，剪去所得小正方形的左下角。请问展开这张正方形纸片后，共有多少个小洞孔？

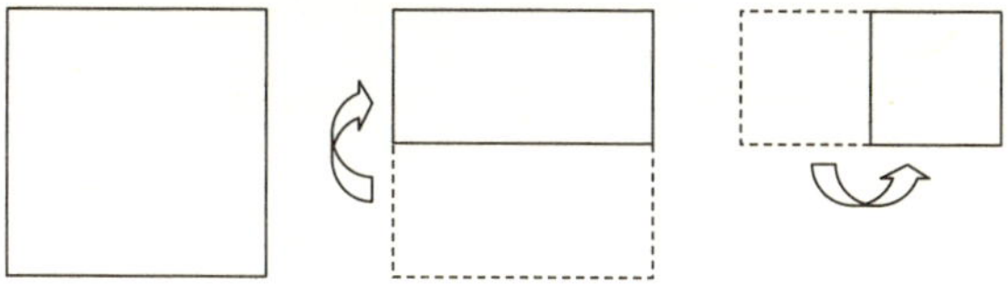

A. 64　　B. 128　　C. 256　　D. 512

答案与解析

答案：C

解析：每操作一次都使正方形 1 变 4。第一次操作后剪了 4 层，展开合为 1 个洞，第二次操作 $1\times4=4$ 个洞，第三次 $4\times4=16$ 个洞，第四次 $16\times4=64$ 个洞，第五次 $64\times4=256$ 个洞。

图示如下。

两个立方块

请问选项中能正好折成图片中间所示的立方块的是哪项？

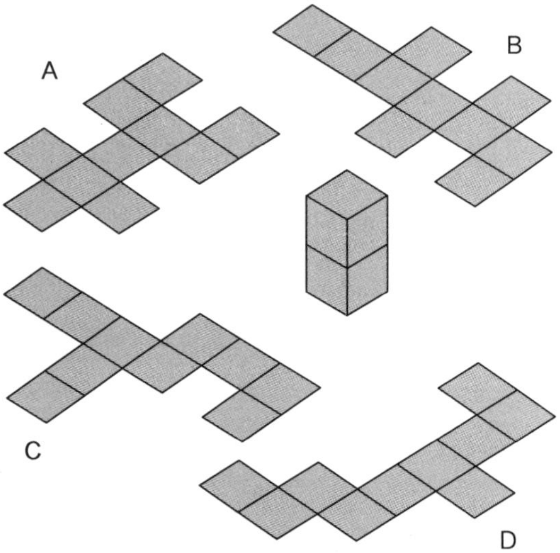

A. 图 A 和图 B　　B. 图 B 和图 C　　C. 图 C 和图 D　　D. 图 A 和图 D

E. 图 A 和图 C　　F. 图 B 和图 D

答案与解析

答案：B

解析：图 B 和图 C 都能正好折成一个 1×1×2 的完整的长方体，如图所示。

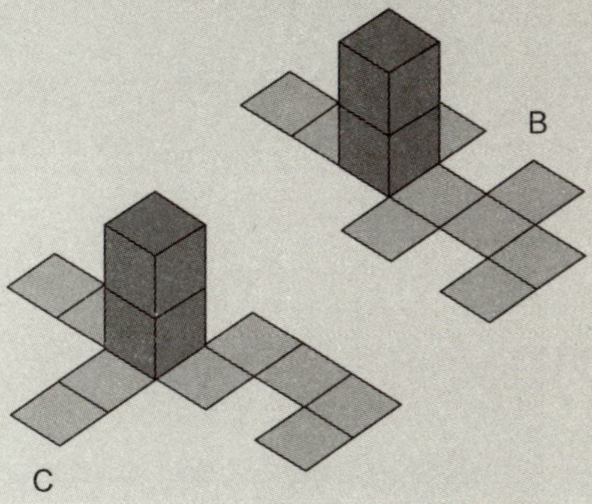

折叠四面体

请问给出的五个选项中，哪一项是由上边的图形折成的？

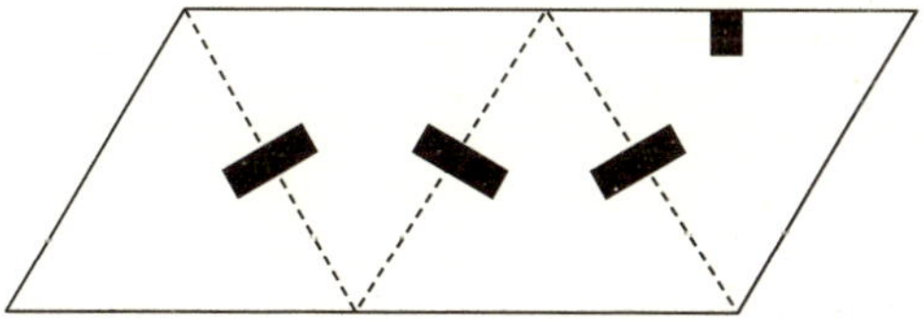

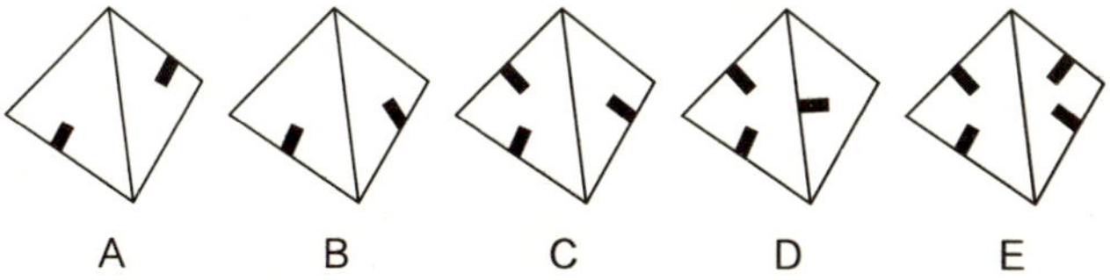

A. 图形 A　　B. 图形 B　　C. 图形 C　　D. 图形 D　　E. 图形 E

答案与解析

答案：C

解析：根据深色横杠的位置可以逐个排除，只有C符合。

卷柱子

请问给出的四个选项中，哪一项是由左边的图形折成的？

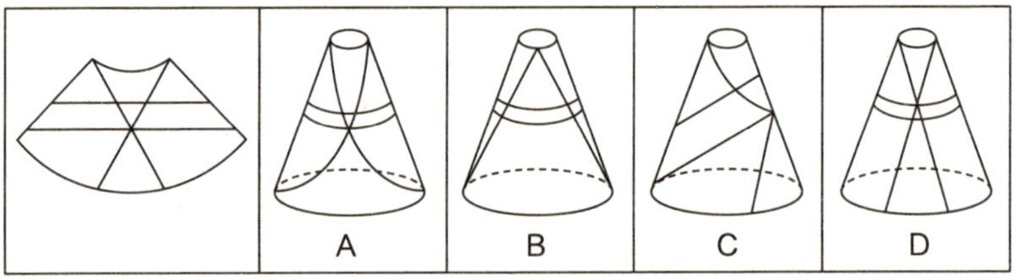

A. 图形 A　　B. 图形 B　　C. 图形 C　　D. 图形 D

答案与解析

答案：C

解析：这是圆台，原本中间的两条直线在折叠起来之后，不可能还和底部的圆保持平行，所以排除A、B、D项，答案就是C。

折叠六面体④

请问给出的四个选项中，哪一项是由左边的图形折成的？

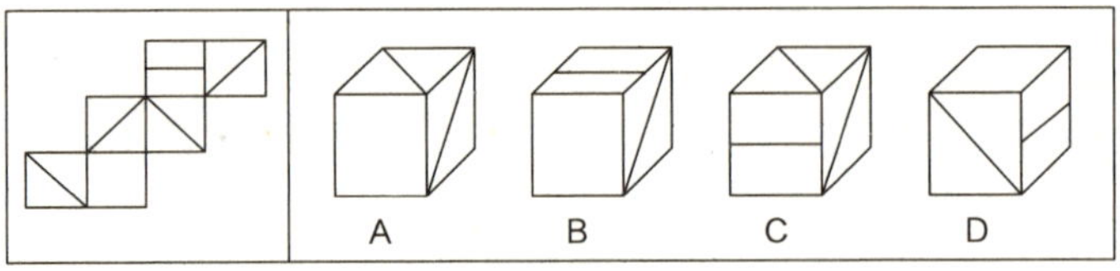

A. 图形 A　　B. 图形 B　　C. 图形 C　　D. 图形 D

答案与解析

答案：A

解析：由给定的外表面可以看出，白面和画横线的一面是正方体相对的两面，由此排除 B、D 项。与含对角斜线的两个面都相邻的只能是空白面，排除 C 项。

折叠六面体⑤

请问给出的四个选项中，哪一项是由上边的图形折成的？

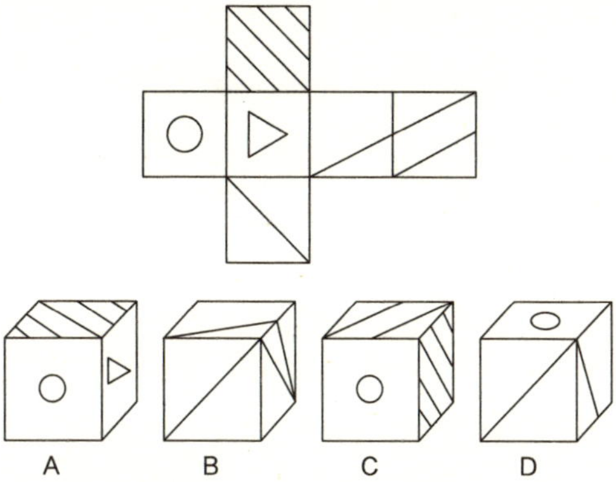

A. 图形 A　　B. 图形 B　　C. 图形 C　　D. 图形 D

答案与解析

答案：B

解析：图形 A 中，上面的斜线方向错误；图形 C 中，上面的斜线方向错误；由题图可知，图形 D 中的上面和右侧面应是相对的；B 选项正确，三面的位置关系和题图相符。

折叠六面体⑥

请问给出的四个选项中，哪一项是由左边的图形折成的？

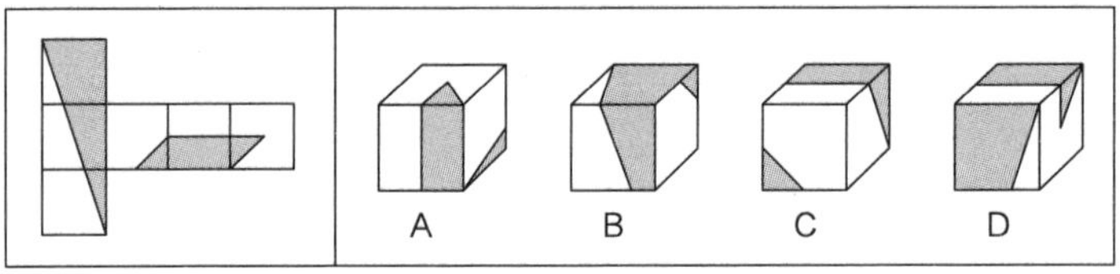

A. 图形 A　　B. 图形 B　　C. 图形 C　　D. 图形 D

答案与解析

答案：A

解析：B 项中右侧面上的阴影三角形与顶面的阴影不相接；C 项中正面的三角形应位于该面右下角；D 项右侧面阴影三角形方位错误。A 项可由题干左边图形折叠而成。

涂鸦六面体④

请问给出的六个选项中，哪一项是由右上的图形折成的？

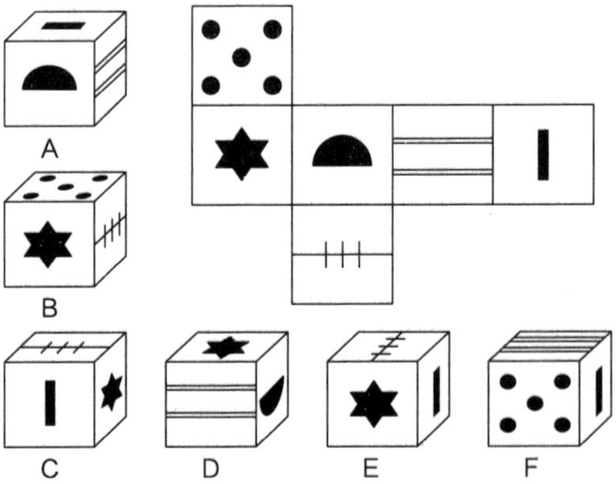

A. 图形 A　　B. 图形 B　　C. 图形 C　　D. 图形 D
E. 图形 E　　F. 图形 F

答案与解析

答案：E

解析：经过尝试可知折叠出的图形是 E。

Part 2

图形分拼

你一定玩过七巧板吧？七巧板就是最常见的图形分拼问题。图形分拼包括图形的分割与剪拼，是门槛极低却非常考验空间想象力和感知能力的题目。图形操作型的问题可分为两大类：一类是围绕“图形变换”展开的，另一类是围绕图形的分割与剪拼展开的。考虑图形的变换性质和如何利用变换、相似三角形面积比与相似比的关系、“勾股定理”对应的图形面积关系、特定数量的构成形式是解决图形分拼问题的关键。

长方形的奇数块

将长方形切成偶数块是很容易做到的，如下图所示。请问能否把一个长方形划分成奇数个全等的小块，并且这些小块不能是小长方形？

A. 能　　　　　　　　　B. 不能

答案与解析

答案：A

解析：答案是肯定的。现给出两个例子：

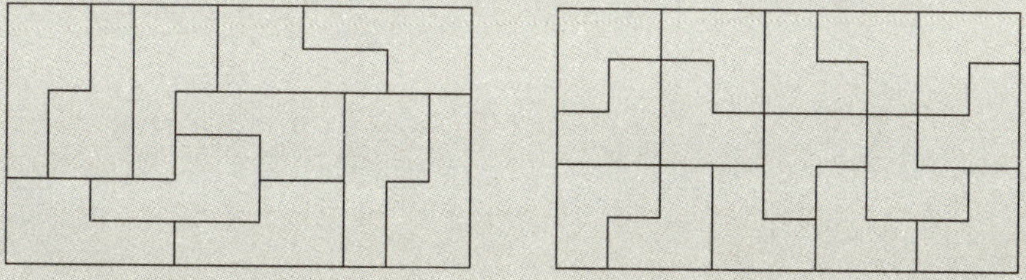

切割正方形

下图是一个 5×5 的正方形，请问你能否将其稍作切割，并使其切割后的图块能恰好拼出一个 4×4 的正方形和一个 3×3 的正方形？

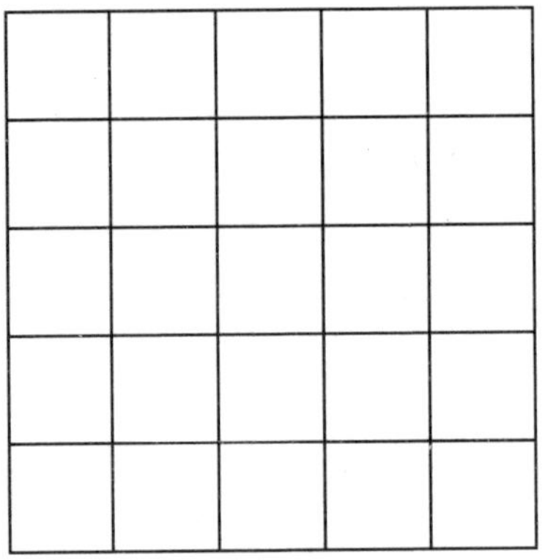

A. 能　　　　　　　　　　　　　　　　B. 不能

答案与解析

答案：A

解析：如下图所示。

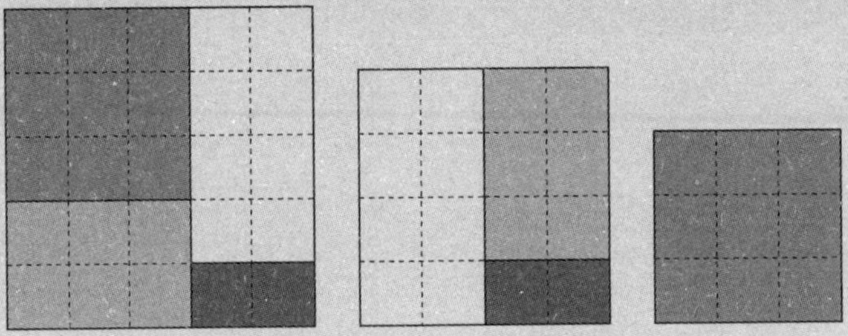

14个图形

下图中有 14 个小图形，请问它们能够拼成一个 8×8 的正方形吗？

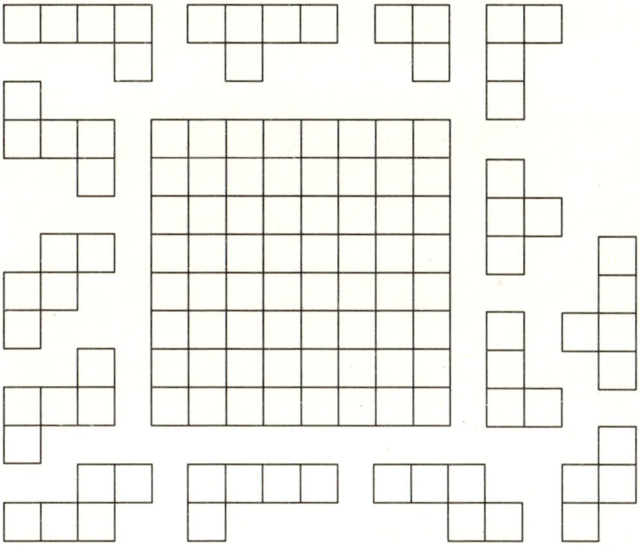

A. 能　　　　　　　　　　B. 不能

答案与解析

答案：A

解析：如图：

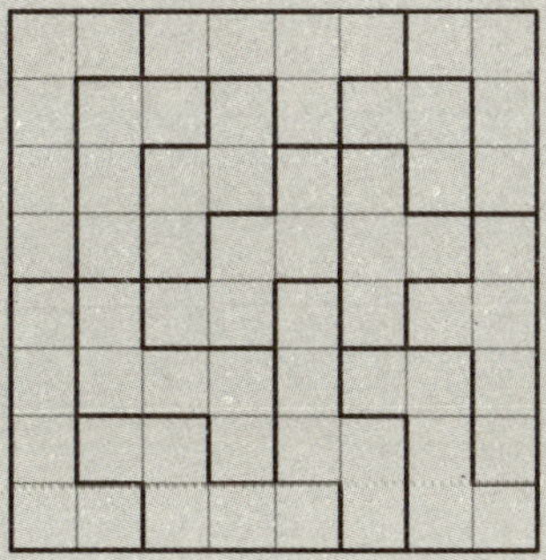

矩形的蛋糕

下图是一个矩形蛋糕，蛋糕上挖了一个矩形的贯通孔。该孔不位于蛋糕中央，也不与蛋糕周边平行。请问能否垂直下刀，将蛋糕切成体积相等的两份？

A. 能，切痕可以是一条直线　　B. 能，但切痕不可能是一条直线

C. 不能

答案与解析

答案：A

解析：过矩形中心的直线将矩形二等分。所以，只需找出矩形蛋糕的中心和矩形孔的中心，沿这两个中心确定的直线切下去即可。

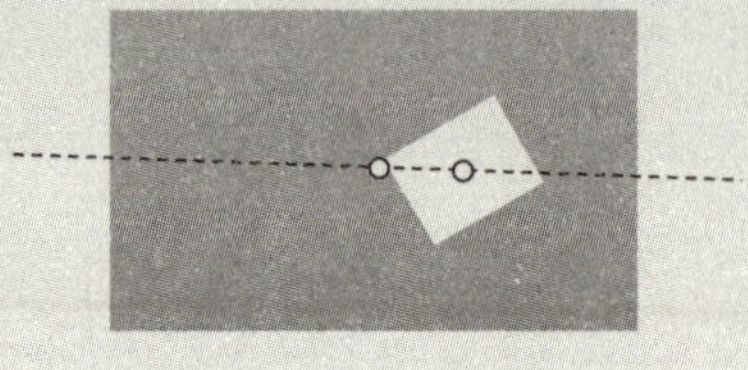

完整的三角形

下图是 4 个图形，其中 3 个组合在一起正好拼成一个完整的三角形，请问是哪 3 个图形？

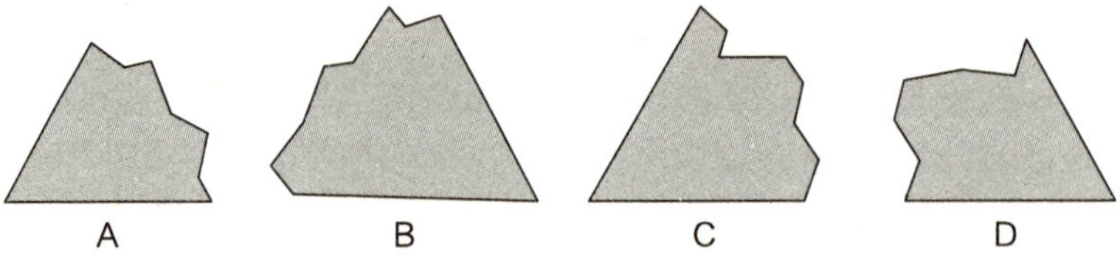

A. 图形 A、B、C　　B. 图形 B、C、D

C. 图形 A、C、D　　D. 图形 A、B、D

答案与解析

答案：B

解析：答案如图所示。

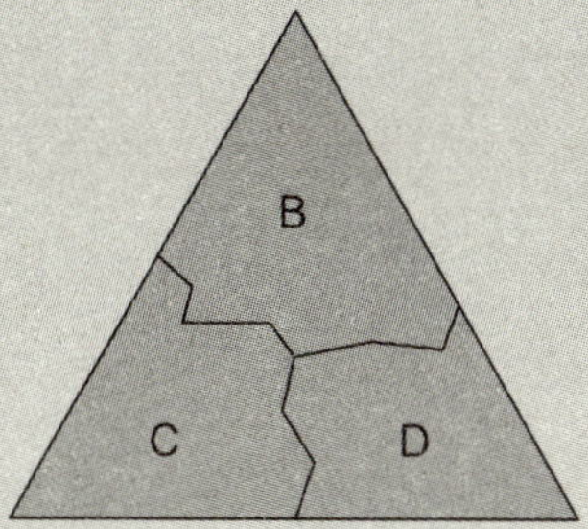

七巧板的造型

请问用一副七巧板，不能拼成下列哪种图形？

A. 三角形　　B. 正方形　　C. 长方形　　D. 凸八边形

答案与解析

答案：D

解析：根据七巧板能拼成的常见平面图形解答。如图，一副七巧板能拼成三角形、正方形、长方形、平行四边形，不能拼成凸八边形。

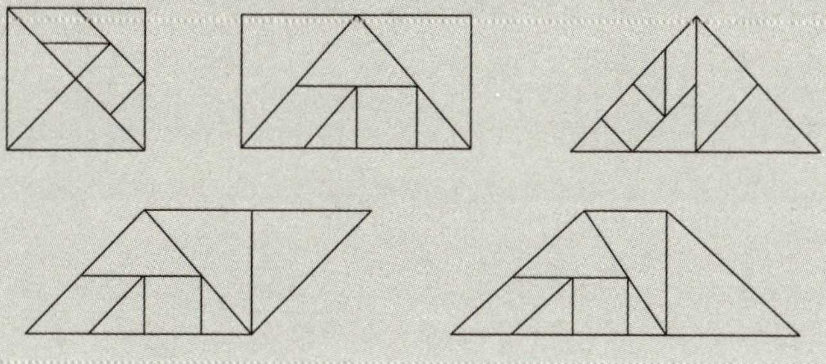

7个三角形

选项中哪个图形可以由下方的7个三角形拼成？

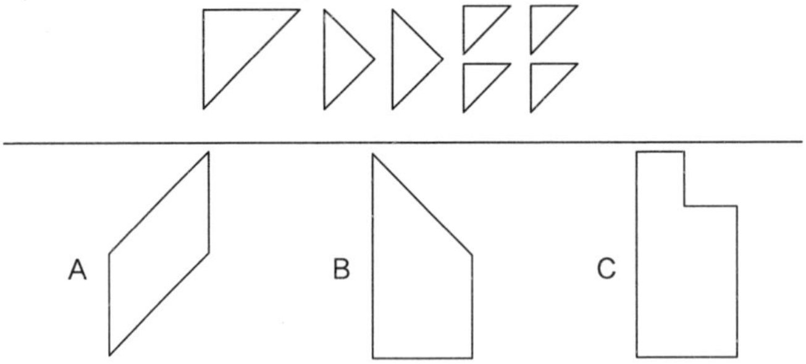

A. 图形 A　　B. 图形 B　　C. 图形 C

答案与解析

答案：B

解析：如下图所示。

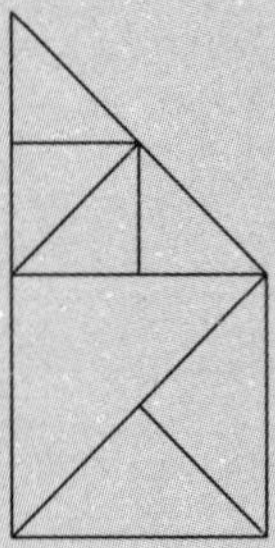

拼接图形

下图中的两个图形，可以拼成下面选项中的哪个图形？

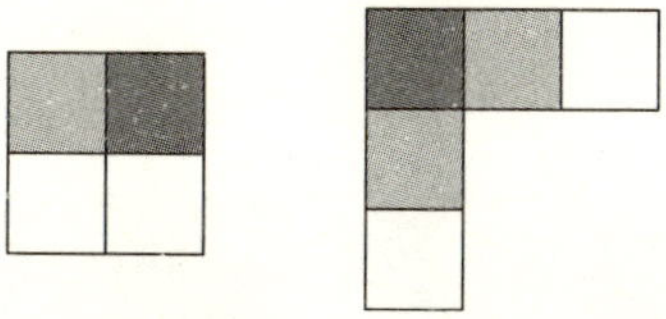

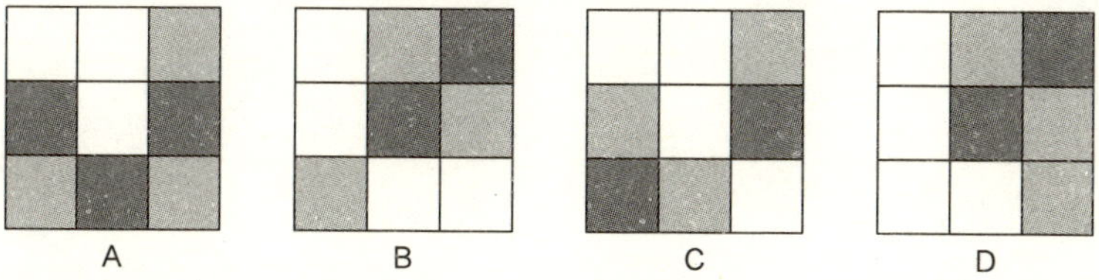

A. 图形 A　　B. 图形 B　　C. 图形 C　　D. 图形 D

答案与解析

答案：C

解析：答案如图所示，小方块放在右上角。

剪裁布料

请问布料折叠并剪裁后的图形是选项中的哪一个？

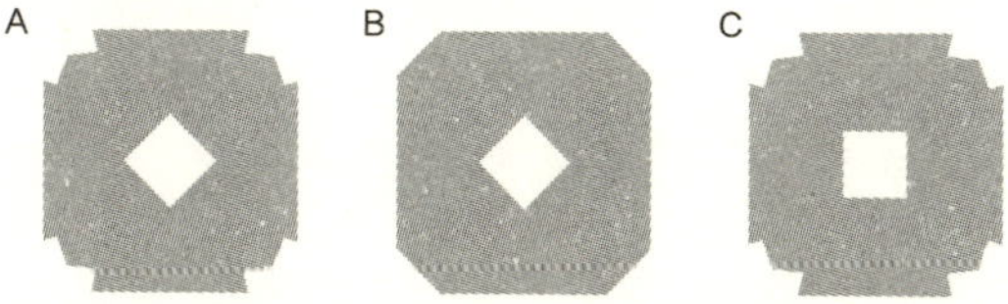

A. 图形 A　　B. 图形 B　　C. 图形 C

答案与解析

答案：A

解析：答案是图形A。用布料剪下一个四边形，展开后4个角呈现阶梯样式。

27个正方体

下图是一个大正方体，我们要把它切割成27个小正方体。请问最少要用几刀切割？

A. 4　　B. 5　　C. 6　　D. 7

答案与解析

答案：C

解析：如图，只要在三个维度上分别切割两刀即可。

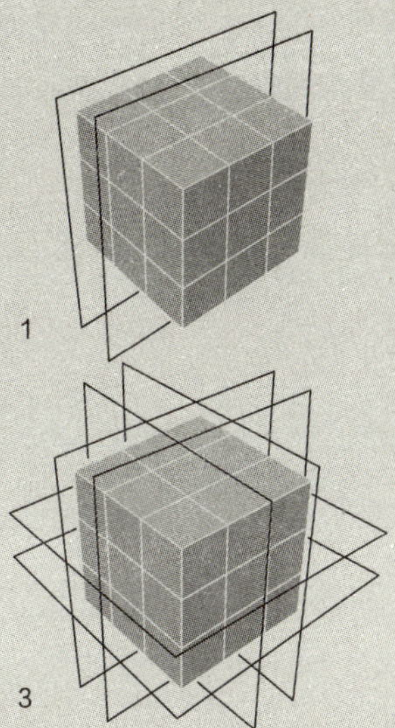

3个等腰直角三角形

假设有3个等腰直角三角形，在要求边与边完全重合的情况下，请问你能将其拼成几种图形？

A. 两种　　B. 三种　　C. 四种　　D. 五种

答案与解析

答案：C

解析：如图，一共有以下四种图形：

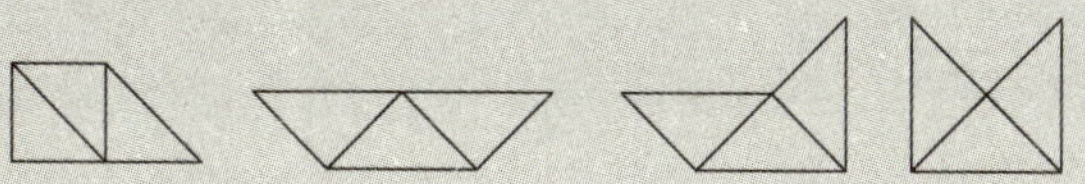

长方形薄板

下图为一长方形薄板，长宽分别为25、4。请问该图形至少切成几块后可以拼成一个正方形？

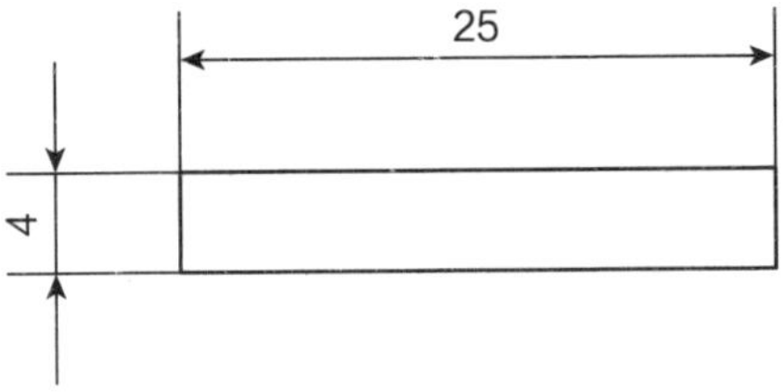

A. 3　　B. 4　　C. 5　　D. 6　　E. 7

答案与解析

答案：B

解析：至少切成4块后可拼成一个正方形。见附图1，将图形沿AB、AE、CD切3下，得到1、2、3、4共4块图形，然后可将4块图形拼成边长为10的正方形，如附图2所示。

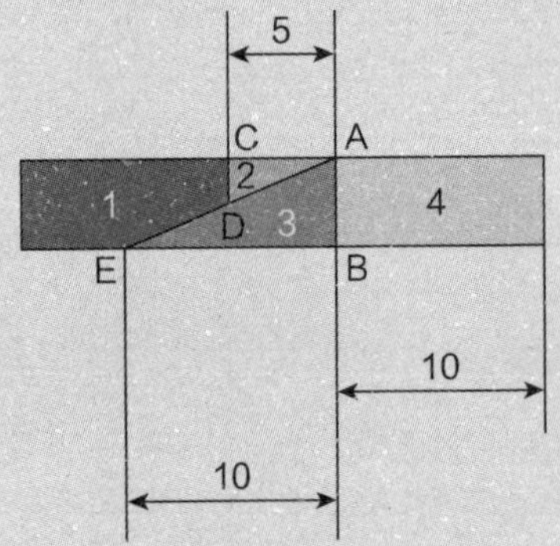

附图1

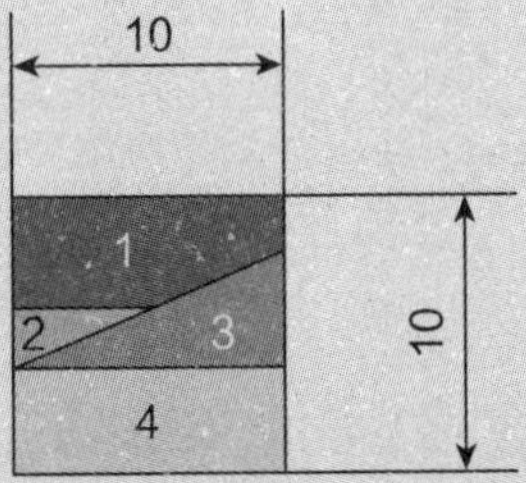

附图2

拼接整圆

下图的 4 个图形中只有 2 幅能够恰好拼成 1 个整圆，请问是哪 2 幅？

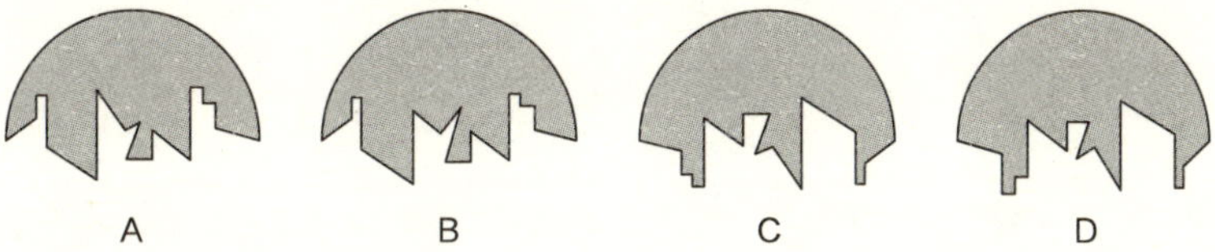

答案与解析

答案：A 和 C。

解析：如图所示：

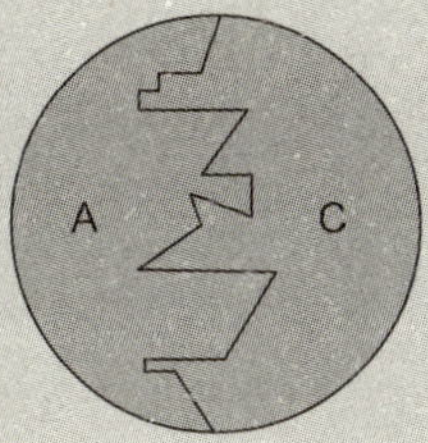

移动的圆

移动几个圆，可以使其变为顶角向下？

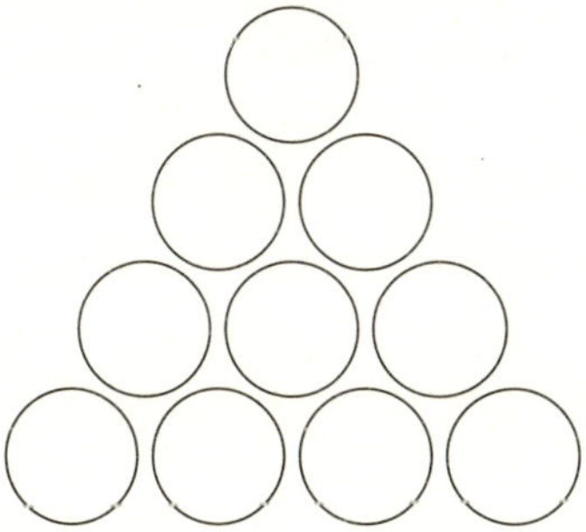

A. 0 个　　B. 1 个　　C. 2 个　　D. 3 个

答案与解析

答案：D

解析：如图，移动 3 个即可。

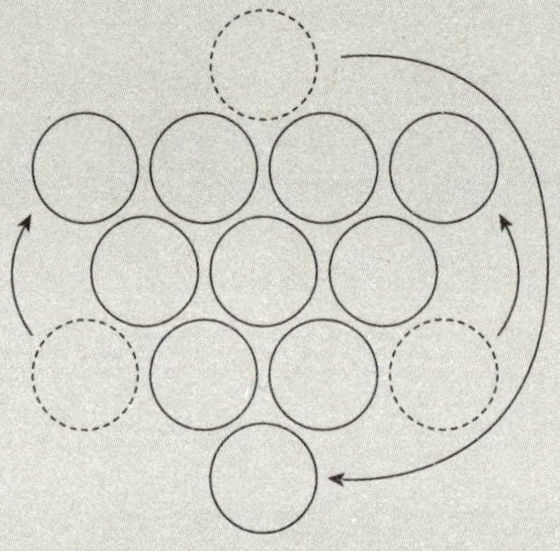

格子图中的长方形

下图是一个格子图，若是将其划分成 8 组，每组由 3 个小正方形组成，且每组中 3 个数字的和相等，请问其中有多少组是长方形？

9	5	1	6	8
1	3	5	4	8
5	7		3	4
8	2	7	6	2
5	6	4	2	9

A. 1　　B. 2　　C. 3　　D. 4

答案与解析

答案：C

解析：答案如下图所示。

巧妙组装①

请问下列 3 个图形可以拼出选项中的哪个图形？

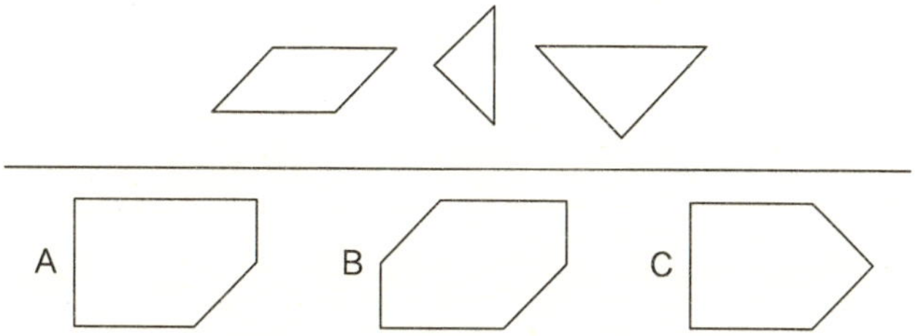

A. 图形 A　　B. 图形 B　　C. 图形 C

答案与解析

答案：C

解析：可以拼出图形 C 的样子。

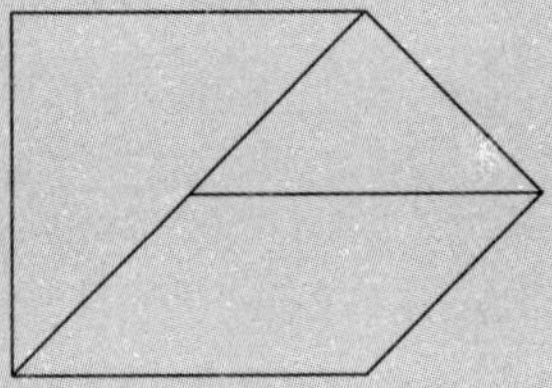

巧妙组装②

请问下列 4 个图形可以拼出选项中的哪个图形？

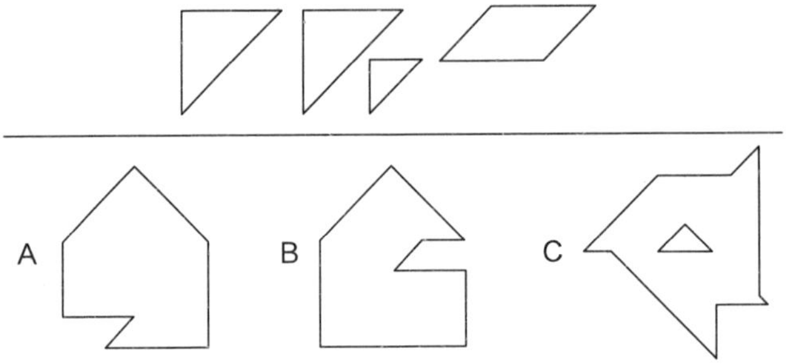

A. 图形 A　　B. 图形 B　　C. 图形 C

答案与解析

答案：C

解析：可以拼出图形 C 的样子。

对称的花瓶

下图是一个左右对称的花瓶，假设用刀将花瓶分割，分割后的各部分可以拼成一块正方形。请问至少应该在花瓶上切几刀才可以呢？

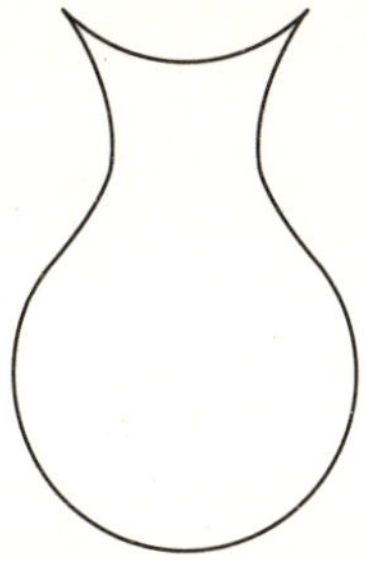

A. 1　　B. 2　　C. 3　　D. 4

答案与解析

答案：B

解析：此题的主要要求是将一个平面图形分割重组，我们仔细分析花瓶的形状特点后就可以得出结论，如右图。

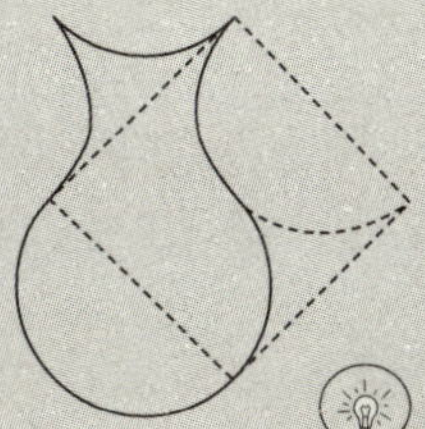

很显然答案就是 B。

5 个梯形

下边 5 个图形中的 3 个恰好能够组成 1 个正方形，请问是哪 3 个？

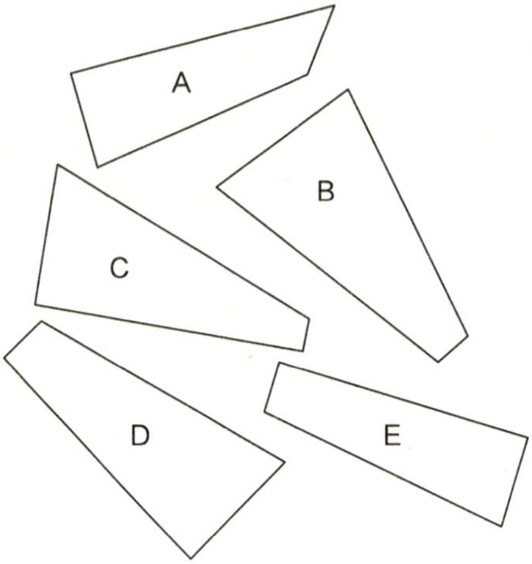

A. 图形 A、图形 B、图形 C　　B. 图形 B、图形 D、图形 E
C. 图形 B、图形 C、图形 D　　D. 图形 A、图形 D、图形 E
E. 图形 A、图形 C、图形 D

答案与解析

答案：B

解析：如下图所示。

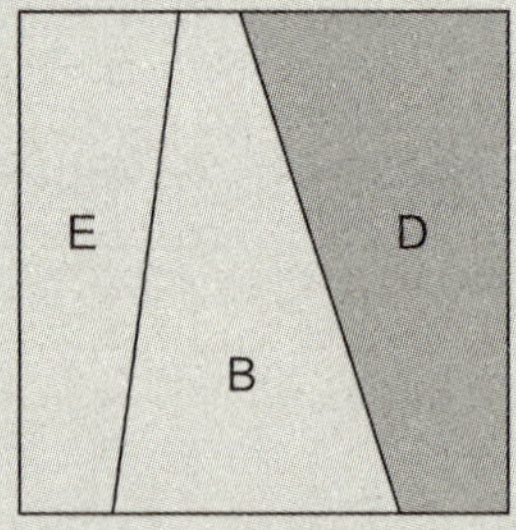

巧妙组装③

下方 5 个图形中有 4 个图形能恰好拼合成一个正方形。请问多余的是哪一个？

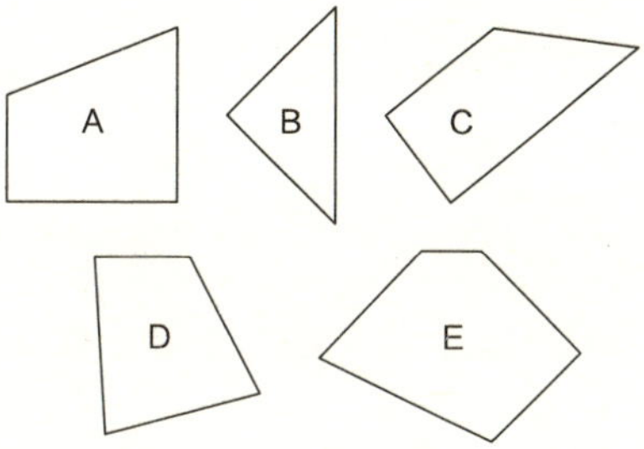

A. 图形 A　　B. 图形 B　　C. 图形 C　　D. 图形 D　　E. 图形 E

答案与解析

答案：D

解析：如图，A、B、C、E 能够拼成正方形。

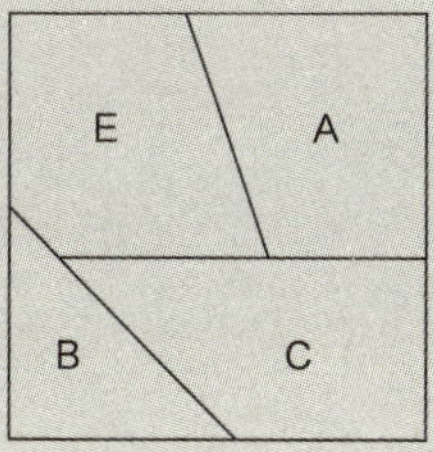

菱形和五角星

①一个三角形加一个菱形能否组成一个正五角星？

②两个三角形加两个菱形能否组成两个正五角星？

A. 能　能　　B. 否　否　　C. 能　否　　D. 否　能

答案与解析

答案：D

解析：第一个不行，第二个如图所示。

不重叠的三角形①

请问用 3 条直线最多可将下图分为几个不重叠的三角形？

A. 7　　B. 8　　C. 9　　D. 10

答案与解析

答案：C

解析：如图，有 9 个三角形。

拼接正方形

如图所示的形状，请问至少需要切成几块后，才能拼成正方形？

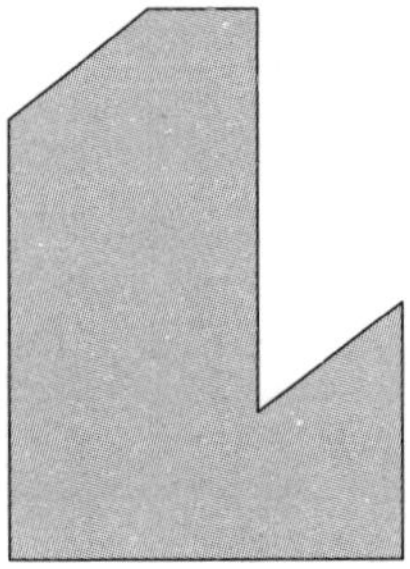

A. 1　　B. 2　　C. 3　　D. 4

答案与解析

答案：B

解析：解决办法如下图。

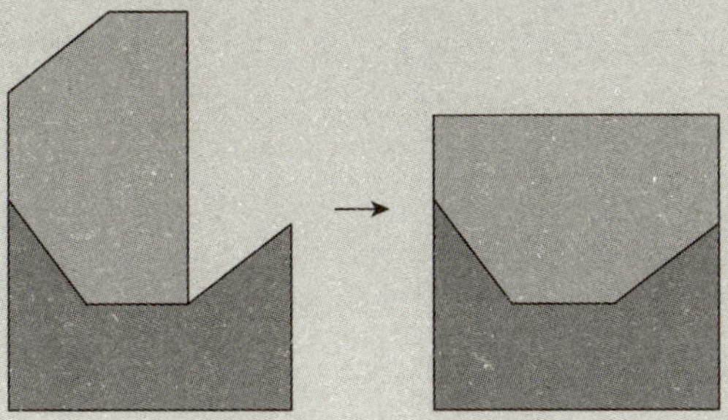

不重叠的三角形②

请问 7 条直线最多可画出几个不重叠的三角形？

A. 9　　B. 10　　C. 11　　D. 12

答案与解析

答案：C

解析：如图所示：

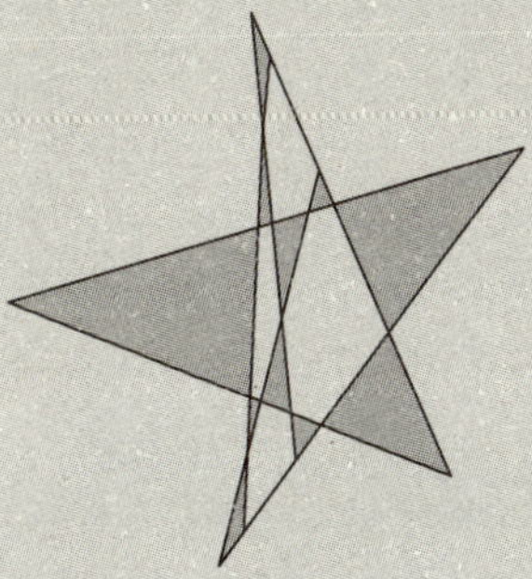

6个硬币

下图中有6个硬币，现在我们要移动硬币变换造型。每次只能移动1个硬币，且停落的地方必须接触到2个硬币，最后形成一个圈，请问最少要几步（平移不能离开桌面）？

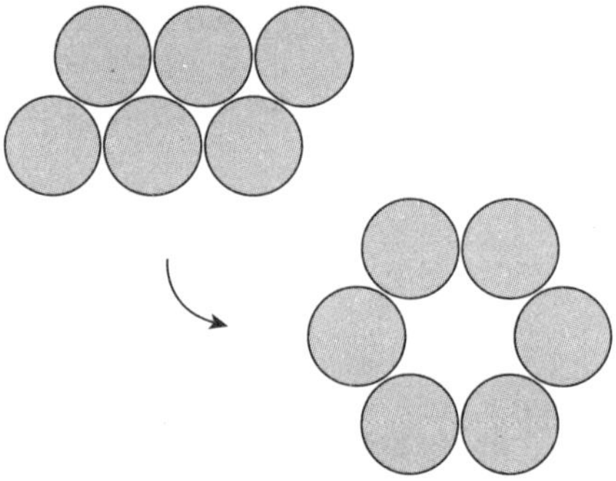

A. 1　　B. 2　　C. 3　　D. 4

答案与解析

答案：C

解析：只需3步即可。

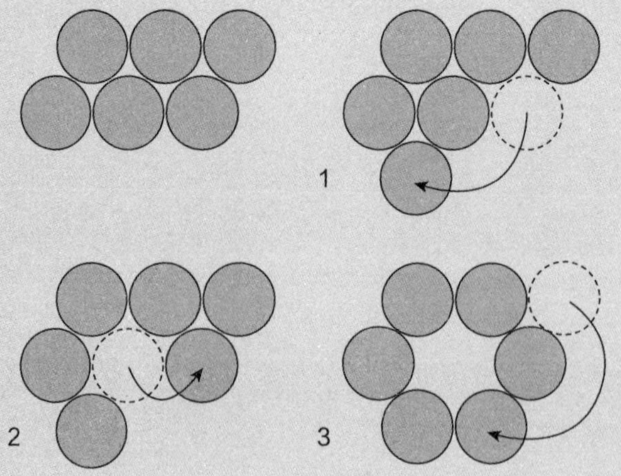

放入“加号”

请将左图所示的“加号”放入右图中，使得这些“加号”互不重叠。请问，最少需要放入多少个“加号”，才能使图中无法再放进新的“加号”？

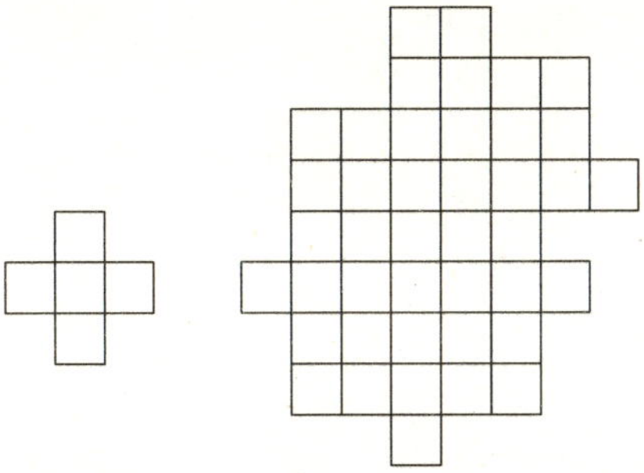

A. 1　　B. 2　　C. 3　　D. 4

答案与解析

答案：B

解析：如图，至少要放入 2 个“加号”。

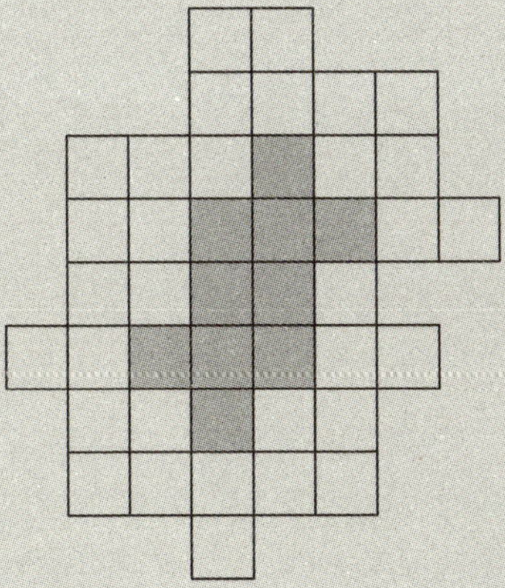

字母碎片①

请问图中的 6 个碎片能组成什么字母？

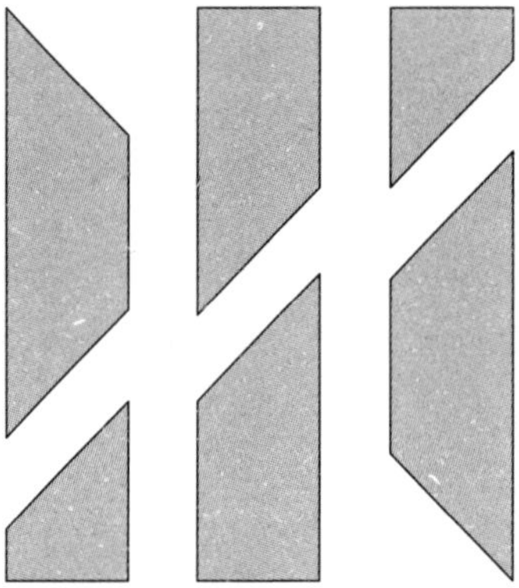

答案与解析

答案：如图所示，最后组成的是 H。

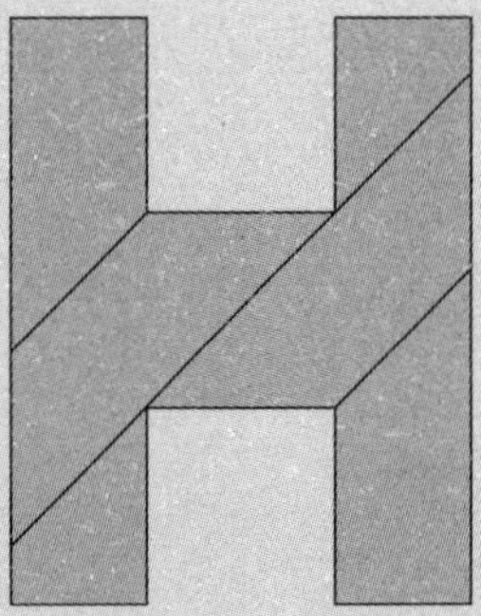

字母碎片②

请问图中的 4 个碎片能组成什么字母？

答案与解析

答案：如图所示，可以组成的字母是M。

正方形薄板①

下图是一块不规则薄板（相关尺寸请见注），请问图形至少切成几块后可恰好拼成一个正方形？

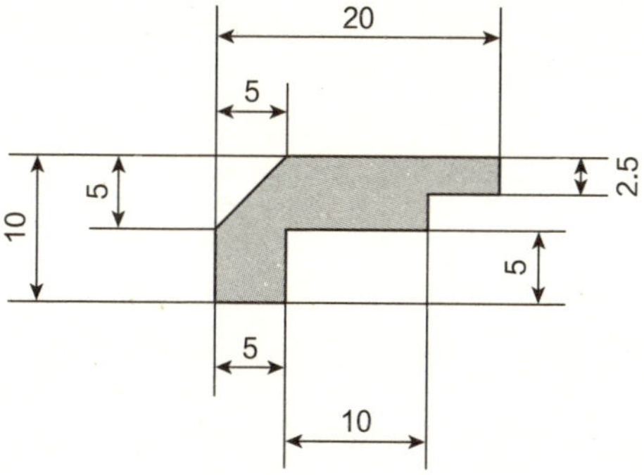

A. 3　　B. 4　　C. 5　　D. 6　　E. 7

答案与解析

答案：B

解析：至少切成4块后可拼成一个正方形。如下图中的图1所示，沿AB、CD、EF将图形切成小块1、2、3、4共4块，则可拼成图2所示边长为10的正方形。

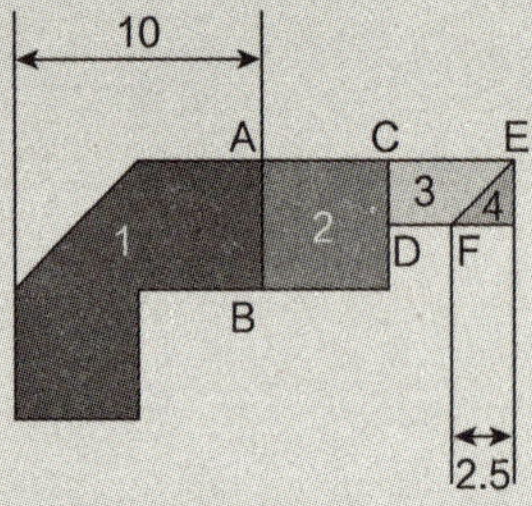

图1

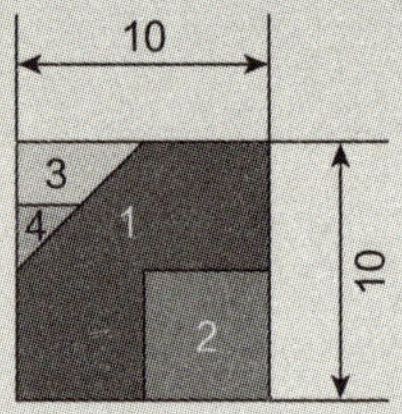

图2

正方形薄板②

下图为一“T”字形薄板（相关尺寸请见注），请问图形至少切成几块后可恰好拼成一个正方形？

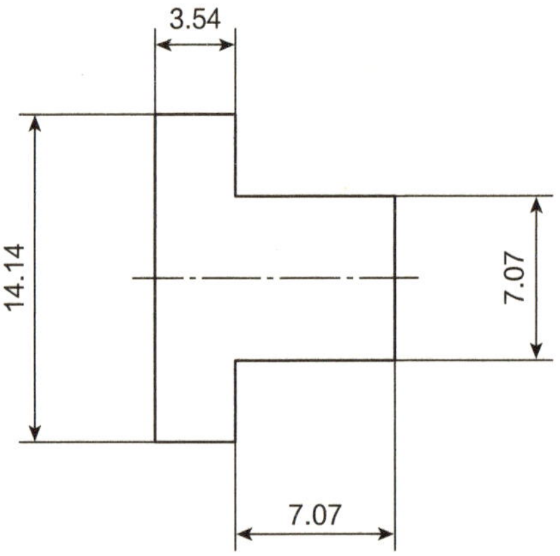

A. 3　　B. 4　　C. 5　　D. 6　　E. 7

答案与解析

答案：C

解析：至少切成 5 块后可拼成一个正方形。如图 1，据题图所标注尺寸，分别延长 FE、HG 至 AC 交于 I、J 两点，不难推算出 AIEB 和 JCDG 均为正方形。M、K、N 分别为 EF、FH、GH 的中点，则三角形 MFK、NHK 为全等等腰直角三角形。于是对图形沿 BI、DJ、KM、KN 进行切割得到①、②、③、④、⑤块，可组成如图 2 所示边长为 10 的正方形。

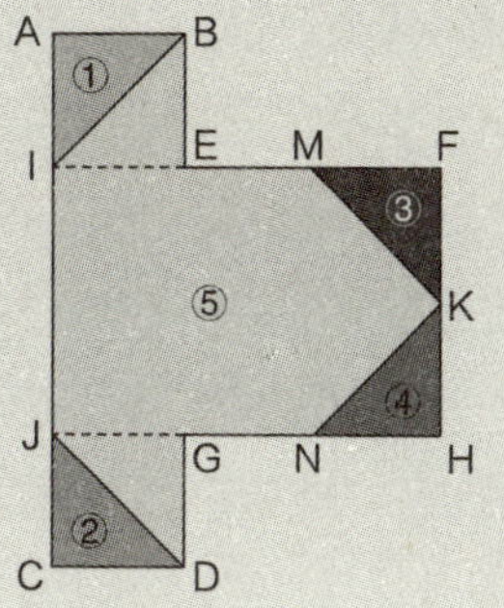

图1

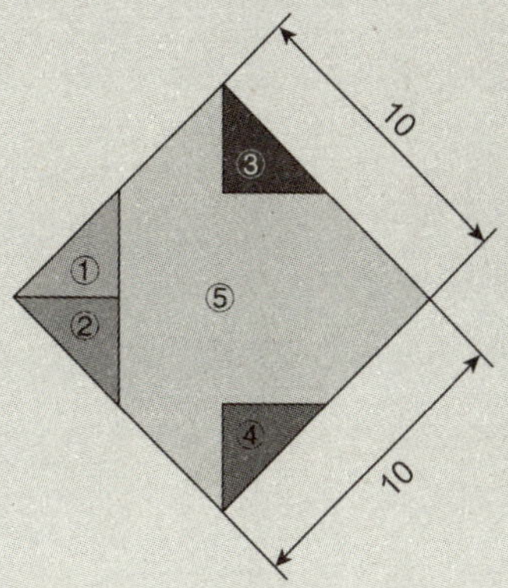

图2

完整的星

下图有 8 个图形，其中 7 个组合在一起正好拼成一个完整的五角星，请问是哪 7 个图形？

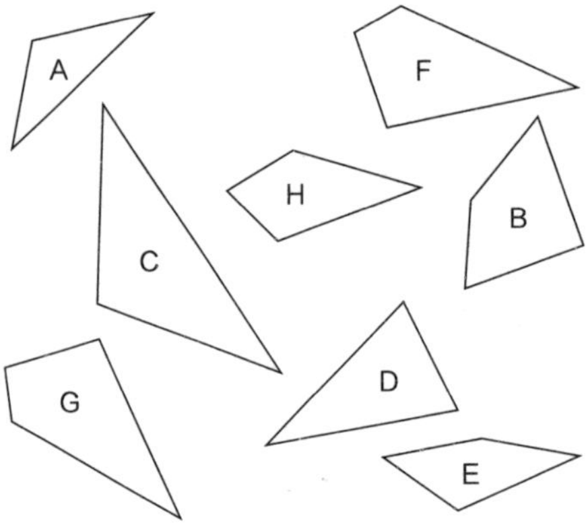

A.A、B、C、D、E、F、G　　B.A、B、C、D、F、G、H

C.A、B、C、E、F、G、H　　D.A、C、D、E、F、G、H

答案与解析

答案：A

解析：答案如图所示。

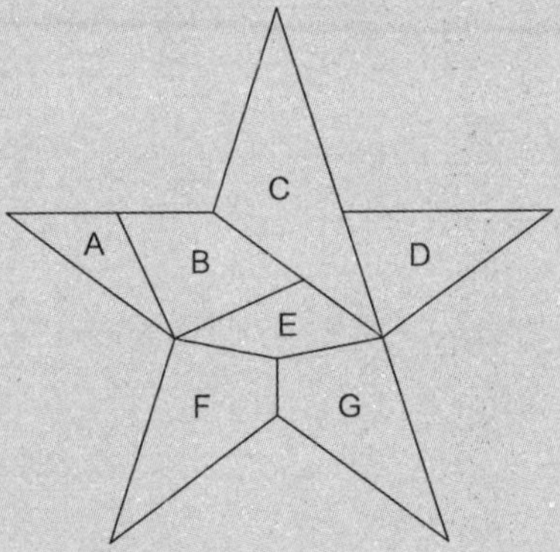

纸片L

下图这张“L”形纸片由3个正方形构成，请问它可以被分割为几份形状相同、大小相等的图形？

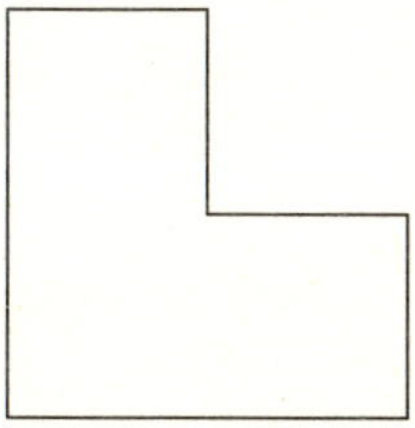

A. 5　　　　B. 7　　　　C. 10　　　　D. 以上都可以

答案与解析

答案：C

解析：假设可以把纸片分割成 n 份，每份形状相同、面积相等。

n=2、3、4 时，情况分别如下。

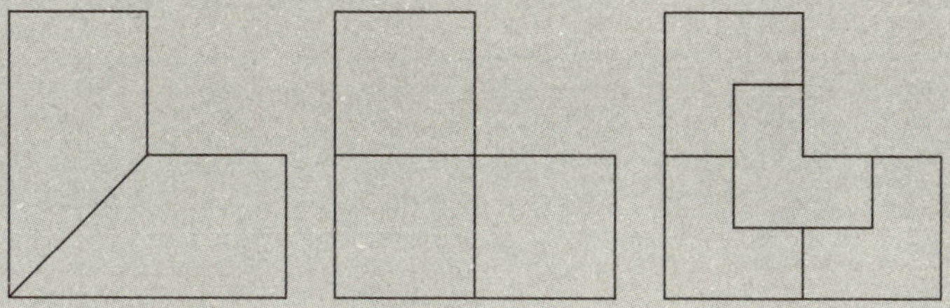

结合图形加以分析，由 n=3 可得：n 还能取 6、9、12 等；

同理，由 n=4 可得：n 还能取 8、12、16 等；

n 也可以取 10，分割情况如图。

但是，当 n 取 5 或 7 时，事实是不成立的，无法分割成 5 份或 7 份形状面积等同的图形。因为 5、7 既不是 3 的倍数也不是 4 的倍数，而且不能构成 n=10 那样的特殊情况。

所以答案是：2、3、4、6、8、9、10、12、16 都可以，但选项中只有 10，所以选 10。

Part 3

词汇推理

词汇层面的推理，即读者综合利用语篇语境线索或背景知识等，获取非熟悉单词意义的一种认知策略，如我们背单词时利用熟悉的词缀、词根去猜生词的含义，读古文时通过字形来猜测生僻汉字的读音、意义。基于篇幅和趣味性的考量，本章节舍弃了大篇幅语段，着重于词汇之间的比较，主要目的在于测验读者对词汇内涵和属性分类的了解程度。词汇搭配涉及各方面，阅读面不够广、知识量积累不足的读者可得小心喽！

字体与德行

字体之于（　　），相当于德行之于（　　）。

A. 字号；教育　　B. 楷书；德性　　C. 斜体；行政　　D. 宋体；廉洁

答案与解析

答案：D

解析：宋体是一种字体，廉洁是一种德行。故答案选 D。

石匠与画笔

（　　）之于石匠，相当于画笔之于（　　）。

A. 技艺；画师　　B. 凿子；画家　　C. 工匠；颜料　　D. 玉石；宣纸

答案与解析

答案：B

解析：凿子是石匠的工具，画笔是画家的工具。故选 B。

学校与士兵

（　　）之于学校，相当于士兵之于（　　）。

A. 班级；军队　　B. 班长；排长　　C. 学生；部队　　D. 老师；军校

答案与解析

答案：C

解析：学校的主体是学生，部队的主体是士兵。故选 C。

计算机与相机

（　　）之于计算机，相当于（　　）之于相机。

A. 代码；程序　B. 运算；摄影　C. 键盘；屏幕　D. 数学；风景

答案与解析

答案：B

解析：本题考查事物及其用途，即用计算机进行运算，用相机进行摄影。故选 B。

法律与民法

法律之于民法，相当于（　　）之于（　　）。

A. 实数；自然数　B. 定律；方法　C. 物理；公理　D. 杭州；江苏

答案与解析

答案：A

解析：本题是属种关系。民法属于法律，自然数属于实数。故选 A。

三角形和面积

三角形：面积

下面四个选项中与上述词组结构一致的是哪项？

A. 圆形：四面体　B. 线段：梯形　C. 正方体：体积　D. 面积：体积

答案与解析

答案：C

解析：三角形可以用面积衡量，正方体可以用体积衡量。

法官和审判庭

法官：审判庭

下面四个选项中与上述词组结构一致的是哪项？

A. 朋友：同事　B. 运输：司机　C. 宇航员：飞船　D. 编辑：稿件

答案与解析

答案：C

解析：题干中两个词语是专门人员与特定环境的关系，C对应正确。

观点和批判

观点：批判

下面四个选项中与上述词组结构一致的是哪项？

A. 娱乐：租借　B. 产品：推销　C. 军队：救灾　D. 战争：孤儿

答案与解析

答案：B

解析：动词和名词可组成短语，批判观点和推销产品。所以选择B。

锋芒毕露和韬光养晦

锋芒毕露：韬光养晦

下面四个选项中与上述词组结构一致的是哪项？

A. 莫衷一是：见仁见智

B. 隔靴搔痒：水中望月

C. 离经叛道：循规蹈矩

D. 安土重迁：随遇而安

答案与解析

答案：C

解析：锋芒毕露和韬光养晦是反义词，离经叛道和循规蹈矩也是反义词。

新月、满月和残月

新月：满月：残月

下面四个选项中与上述词组结构一致的是哪项？

A. 生产：销售：回收

B. 含苞：怒放：凋零

C. 早晨：中午：夜晚

D. 春困：秋乏：冬眠

答案与解析

答案：B

解析：新月、满月、残月是月亮由月初到月末的变化过程；含苞、怒放和凋零是花朵由开到败的变化过程。

赛事与编辑

赛事对于（　　），相当于（　　）对于编辑。

A. 裁判；书稿　　B. 运动；校对　　C. 哨子；文字　　D. 冠军；精确

答案与解析

答案：A

解析：赛事需要裁判，书稿需要编辑。故答案为 A。

图书与烹调

图书对于（　　），相当于（　　）对于烹调。

A. 发行；菜肴　　B. 图画；调料　　C. 编辑；蒸煮　　D. 知识；口味

答案与解析

答案：A

解析：发行图书，烹调菜肴。故答案选 A。

湖笔与指南针

湖笔对于（　　），相当于（　　）对于指南针。

A. 宣纸；司南　　B. 端砚；火药　　C. 印章；磁铁　　D. 镇纸；印刷

答案与解析

答案：B

解析：湖笔和端砚属于“文房四宝”，火药和指南针都属于“四大发明”。故答案选 B。

纠纷与垄断

（　　）对于纠纷，相当于垄断对于（　　）。

A. 调解；市场　　B. 经济；价格　　C. 磋商；会议　　D. 劳动；权力

答案与解析

答案：A

解析：动宾结构。调解纠纷，垄断市场。

电子邮件与道路

电子邮件对于（　　），相当于（　　）对于道路。

A. 隐私；城镇　　B. 网络；汽车　　C. 信息；交通　　D. 交流；运输

答案与解析

答案：B

解析：电子邮件通过网络传输，汽车在道路上行驶。

提出与钻研

提出之于（　　），相当于钻研之于（　　）。

A. 疑难；研究　　B. 发现；学术　　C. 理论；技术　　D. 工程；灵感

答案与解析

答案：C

解析：提出理论，钻研技术。故答案选 C。

冬天和羽绒服

冬天：寒冷：羽绒服

下面四个选项中与上述词组结构一致的是哪项？

A. 西北：贫困：开发　　B. 假期：休闲：游戏

C. 四川：潮湿：辣椒　　D. 夏天：炎热：游泳

答案与解析

答案：C

解析：寒冷是冬天的特点，穿羽绒服可以御寒；潮湿是四川的特点，吃辣椒可以祛除潮湿。A 项的“开发”和 D 项的“游泳”都是动词，而不是一种物品。

田野和麦粒

田野：小麦：麦粒

下面四个选项中与上述词组结构一致的是哪项？

A. 水塘：鲤鱼：鱼子　　B. 林场：树木：嫩芽

C. 牧场：牛群：牛　　D. 海洋：鱼鳍：鲨鱼

答案与解析

答案：A

解析：小麦生长在田野里，麦粒是小麦的种子；鲤鱼生活在水塘里，鱼子是鲤鱼的卵。故答案选 A。

移花接市和李园

移花接木：李园

下面四个选项中与上述词组结构一致的是哪项？

A. 桃园结义：刘广　　B. 篝火孤鸣：张角

C. 破釜沉舟：项羽　　D. 毛遂自荐：信陵君

答案与解析

答案：C

解析："移花接木"的主人公是李园，"破釜沉舟"的主人公是项羽。A 项"桃园结义"的主人公是刘备、关羽、张飞；B 项"篝火孤鸣"的主人公是陈胜、吴广；D 项"毛遂自荐"的主人公是毛遂和平原君。故答案选 C。

蜜蜂与花草

（　　）对于蜜蜂，相当于花草之于（　　）。

A. 蜂蜜；草木　　B. 昆虫；兰花　　C. 园丁；园艺　　D. 花粉；蝴蝶

答案与解析

答案：B

解析：A 选项，蜂蜜之于蜜蜂是结果与主体的对应关系，花草之于草木是包容关系；B 选项，昆虫之于蜜蜂是包容关系中的种属关系，花草之于兰花是包容关系中的种属关系；C 选项，前者无明显逻辑关系，花草之于园艺是客体与主体的对应关系；D 选项，花粉之于蜜蜂是客体与主体的对应关系，后者无明显逻辑关系。

综合以上分析，仅 B 项前后两组词语逻辑关系相同。故正确答案为 B。

认真与投鼠忌器

（　　）对于认真，相当于投鼠忌器对于（　　）。

A. 走马观花；顾虑　　B. 谨小慎微；害怕

C. 一心一意；担忧　　D. 精雕细琢；顾忌

答案与解析

答案：D

解析：精雕细琢比喻做事情精益求精，认真细致；投鼠忌器形容人做事有顾忌，不敢放手进行。

一毛不拔和吝啬

一毛不拔：吝啬

下面四个选项中与上述词组结构一致的是哪项？

A. 一丝不苟：敷衍　　B. 一望无际：平原

C. 一诺千金：诚信　　D. 一言不合：怨恨

答案与解析

答案：C

解析：一毛不拔形容人吝啬；一诺千金形容人说话算数，极有诚信。

卧薪尝胆和勾践

卧薪尝胆：勾践

下面四个选项中与上述词组结构一致的是哪项？

A. 江郎才尽：徐祯卿　　B. 开诚布公：曹操

C. 完璧归赵：廉颇　　D. 囊萤映雪：车胤

答案与解析

答案：D

解析：本题考查的是成语及其主人公的关系。“卧薪尝胆”讲的是勾践的故事，选项中只有D符合这一关系。“江郎才尽”讲的是江淹的故事，“开诚布公”讲的是诸葛亮的故事，“完璧归赵”讲的是蔺相如的故事。“囊萤映雪”中“囊萤”是晋代车胤小时家贫，夏天以练囊装萤火虫照明读书的故事；“映雪”则是晋代孙康冬天常利用雪的反光读书的故事。故答案选D。

围湖造田和饮鸩止渴

围湖造田：饮鸩止渴

下面四个选项中与上述词组结构一致的是哪项？

A. 卧薪尝胆：学以致用

B. 忍辱偷生：削足适履

C. 兢兢业业：刻苦奋进

D. 词不达意：言不由衷

答案与解析

答案：B

解析：题干成语均符合因果关系，围湖是为了造田，饮鸩是为了止渴。

B项忍辱是为了偷生，而削足以便于适履，符合题干逻辑。A项“卧薪尝胆：学以致用”、C项“兢兢业业：刻苦奋进”以及D项“词不达意：言不由衷”均不能构成因果关系。故正确答案为B。

考古、文物和博物馆

考古：文物：博物馆

下面四个选项中与上述词组结构一致的是哪项？

A. 考察：员工：社会

B. 耕种：庄稼：土地

C. 贸易：商品：工厂

D. 教育：人才：企业

答案与解析

答案：D

解析：考古发掘出文物，有些文物保存在博物馆。A、C两项关系明显与题干不符；B项庄稼是在土地上耕种而非保存，与题干关系略有不同；D项教育培养出人才，将人才输送到企业，与题干逻辑关系一致。

有罪和无罪

有罪：无罪

下面四个选项中与上述词组结构一致的是哪项？

A. 合法：非法　　B. 删除：添加　　C. 赞成：反对　　D. 内忧：外患

答案与解析

答案：A

解析：有罪和无罪是绝对反义词，除了有罪就是无罪；合法和非法也是绝对反义词，除了合法就是非法。B项中，除了删除和添加，还可以保持原样；C项中可以保持中立；D项中内忧和外患不是反义词。

螳臂当车和不自量力

螳臂当车：不自量力

下面四个选项中与上述词组结构一致的是哪项？

A. 风流倜傥：丰姿绰约　　B. 人老珠黄：年老色衰

C. 瓜熟蒂落：水到渠成　　D. 虎视眈眈：咄咄逼人

答案与解析

答案：C

解析：螳臂当车和不自量力都形容去做办不到的事情；瓜熟蒂落和水到渠成都形容条件成熟，事情自然会成功。

火中取栗和坐享其成

火中取栗：坐享其成

下面四个选项中与上述词组结构一致的是哪项？

A. 玉石俱焚：磨杵成针

B. 大动干戈：偃旗息鼓

C. 殚精竭虑：心急如焚

D. 旗开得胜：胜之不武

答案与解析

答案：B

解析：题干成语是反义关系，具有这一关系的是B项。

天鹅和塑料

天鹅：塑料

下面四个选项中与上述词组结构一致的是哪项？

A. 迪拜：东京

B. 珊瑚：礁石

C. 山猫：狐狸

D. 莼菜：玻璃

答案与解析

答案：D

解析：天鹅是生物，塑料是化工材料；莼菜是生物，玻璃也是一种化工材料。故答案为D。

得主和失主

得主：失主

下面四个选项中与上述词组结构一致的是哪项？

A. 白灾：黑灾

B. 软武器：硬武器

C. 你：我

D. 远程：近程

答案与解析

答案：C

解析：第一步：判断题干词语间的逻辑关系。题干两词是并列关系中的矛盾关系。在一对得失关系里，不是得主就是失主。

第二步：判断选项词语间的逻辑关系。A项中“黑灾”和“白灾”只是众多草原灾难中的两种，两词是反对关系；B项中两词是反对关系；C项中两词是矛盾关系，不存在其他情况；D项中两词是反对关系，因为还存在中远程等情况。故正确答案为C。

寡与弊

寡对于（　　），相当于弊对于（　　）。

A. 孤；利

B. 少；劣

C. 多；害

D. 缺；益

答案与解析

答案：B

解析：第一步：将选项逐一带入，判断各选项前后部分的逻辑关系。A项中前面部分是近义词关系，后面部分是反义词关系；B项中前面部分是近义词关系，后面部分是近义词关系；C项中前面部分是反义词关系，后面部分是近义词关系；D项中前面部分是近义词关系，后面部分是反义词关系。

第二步：逻辑关系相同即为答案。根据第一步可知，逻辑关系完全相同的是B项，故正确答案为B。

江州司马青衫湿

“白居易：江州司马青衫湿”，相当于（　　）。

A. 李白：无花无酒锄作田　　B. 李商隐：一夜芙蓉红泪多

C. 苏轼：架上黄衣化作云　　D. 温庭筠：春光懒困倚微风

答案与解析

答案：B

解析：A项中诗句是唐寅写的，B项是李商隐的《板桥晓别》，C项是吕岩的诗，D项是杜甫的诗句。故而选B。

竹简、帛和宣纸

竹简：帛：宣纸

下面四个选项中与上述词组结构一致的是哪项？

A. 花盆：花篮：花苞　　B. 橡皮：墨水：修正液
C. 毛笔：钢笔：铅笔　　D. 篆书：隶书：草书

答案与解析

答案：D

解析：竹简、帛、宣纸都是书写的材料，且按发明时间的先后排序；篆书、隶书、草书都是书写的字体，且按时间的先后排序。

徒有虚名与急不可待

徒有虚名对于（　　），相当于（　　）对于急不可待。

A. 虚有其表；从容不迫　　B. 华而不实；迫在眉睫
C. 有名无实；迫不及待　　D. 名副其实；伺机而动

答案与解析

答案：C

解析：徒有虚名和有名无实是近义词，迫不及待与急不可待是近义词。

弹丸之地和春风得意

弹丸之地：春风得意

下面四个选项中与上述词组结构一致的是哪项？

A. 一家之言：沾沾自喜　　B. 春秋笔法：百感交集
C. 三顾茅庐：偷鸡摸狗　　D. 逃之夭夭：大器晚成

答案与解析

答案：B

解析：“弹丸之地”是偏正结构，“春风得意”是主谓结构，选项要找对应的，C、D两项容易排除，因为“三顾茅庐”是动词＋名词的形式，很容易看出是属于动宾结构，而“逃之夭夭”是典型的补充结构类型的成语。干扰较强的是A项，因为“一家之言”的结构形式和“弹丸之地”完全一致，但是A项的“沾沾自喜”却是一个偏正结构的成语，和题干中的“春风得意”不同，故而排除。对于B项，“春秋笔法”的结构比较隐蔽，其实可以说成“春秋的笔法”，也是一个偏正结构的成语，这是很多人容易疏漏而错选A项的原因。B项的“百感交集”是典型的名词＋动词的动宾形式，所以选择B项。

孙、笔和志

“孙”“笔”“志”。

下面哪一项与上列汉字为一类（从字形和组词方面考虑）？

A. 言　　B. 夫　　C. 英　　D. 行

答案与解析

答案：B

解析：每个字都能将其一部分拆出来与原字组成一个名词，如：“孙”“孙子”，“笔”“毛笔”，“志”“心志”，所以答案为“夫”“夫人”。

蚕、吐丝和蚕茧

蚕：吐丝：蚕茧

下面四个选项中与上述词组结构一致的是哪项？

A. 虫：感染：虫草　　B. 树木：加工：纸张

C. 黄豆：发酵：豆酱　　D. 煤炭：燃烧：热能

答案与解析

答案：D

解析：类比推理。题干中“蚕吐丝”，其中“蚕”为主语，“吐丝”为谓语，同时是一个过程，“吐丝”产生“蚕茧”。而选项中“煤炭燃烧”，其中“煤炭”为主语，而“燃烧”为谓语，同时是一个过程，“燃烧”产生“热能”。故本题选D。

思索与奔跑

（　　）对于思索，相当于奔跑对于（　　）。

A. 思想；运动　　B. 思考；奔走　　C. 考虑；走路　　D. 动脑；锻炼

答案与解析

答案：B

解析：A项中后一组词为种属关系，前一组词不构成种属关系。B项中两组词均为全同关系中的近义词关系。C项中前一组为全同关系，后一组为并列关系。D项中前一组为全同关系，后一组为交叉关系。

由以上分析可知正确答案为B。

江郎才尽和愚公移山

江郎才尽：愚公移山

下面四个选项中与上述词组结构一致的是哪项？

A. 庖丁解牛：班门弄斧　　B. 作茧自缚：走马观花

C. 刻舟求剑：缘木求鱼　　D. 金蝉脱壳：完璧归赵

答案与解析

答案：A

解析：题干中的两个成语中都直接含有人物，四个选项中只有A项的两个成语都直接含有人物。故本题答案为A。

易卜生和玩偶之家

易卜生：玩偶之家

下面四个选项中与上述词组结构一致的是哪项？

A. 雨果：芳汀　　B. 欧·亨利：麦琪的礼物

C. 闰土：鲁迅　　D. 武松：水浒传

答案与解析

答案：B

解析：题干是作家与其作品的关系，B项符合要求。A、C两项是作家作品中的人物与作家的关系，D项是作品与其中人物的关系，与题干不符。

精确和准确

精确：准确

下面四个选项中与上述词组结构一致的是哪项？

A. 讨厌：厌恶　　B. 正确：精准　　C. 渴望：奢望　　D. 接收：接受

答案与解析

答案：A

解析：这是一道关于同义词的题目，A 项两词与题干一样是同义词，B、D 两项两个词意思不同，C 项两词感情色彩不同。

不入虎穴与焉得虎子

不入虎穴：焉得虎子

下面四个选项中与上述词组结构一致的是哪项？

A. 股市有风险：入市需谨慎　　B. 要想人不知：除非己莫为

C. 台上一分钟：台下十年功　　D. 无风：不起浪

答案与解析

答案：D

解析：不入虎穴焉得虎子是必然关系，要得到“虎子”，只有“入虎穴”。而“无风不起浪”表示如果起浪，必然有风。所以选择 D。

吉祥与狼烟

（　　）对于吉祥，相当于狼烟对于（　　）。

A. 和平；攻击　　B. 麒麟；信号　　C. 盛世；烽火　　D. 凤凰；入侵

答案与解析

答案：D

解析：本题考查象征关系。凤凰是吉祥的象征，狼烟是入侵的信号。所以选择D选项。

林冲和宋江

林冲：宋江

下面四个选项中与上述词组结构一致的是哪项？

A. 华佗：曹操　　B. 贾宝玉：林黛玉

C. 李元霸：秦叔宝　　D. 孙悟空：沙悟净

答案与解析

答案：C

解析：题干中的林冲、宋江都是《水浒传》中的人物，但在历史上，宋江实有其人，林冲则纯粹是虚构的。A中两人都是历史人物；B、D项人物都是虚构的；C项与题干对应一致，两人都是《隋唐演义》中的人物，李元霸是虚构人物，秦叔宝确有其人。

浮雕和壁画

浮雕：壁画

下面四个选项中与上述词组结构一致的是哪项？

A. 白虎：麒麟　　B. 田径：跳高　　C. 精英：骨干　　D. 书籍：竹简

答案与解析

答案：A

解析：浮雕和壁画都是附着在他物之上的一种艺术，白虎和麒麟都是中国古代传说中代表祥瑞的动物。

Part 4
词汇联想

说到词汇联想，我们第一个反应可能就是背单词时通过某些认识的单词共有的词缀、词根来猜它们的大概意思，又或者是在游戏中通过一系列的关键词去联想中心词。词汇联想题中每一组词汇中必然存在某条线能把它们都串在一起，两者就是发散和聚合的关系，“线”是其中关键，只要找到，那些看似毫不相干的线索就会瞬时结成一股清晰的思路，指向正确的答案。要想答好词汇联想题，光对词组抽丝剥茧还不够，你得有一定的知识积累才行，不然那些生僻点一出现，你就只能将正解白白放过喽！

张果老和阿里巴巴

张果老　阿凡提　阿里巴巴（猜一种动物）

A. 白兔　　B. 毛驴　　C. 小狗　　D. 蝙蝠

答案与解析

答案：B

解析：张果老、阿凡提和阿里巴巴都有一头小毛驴。

碳水化合物和蛀牙

碳水化合物　徐福记　蛀牙（猜一种食物）

A. 糖　　B. 肉　　C. 米　　D. 水

答案与解析

答案：A

解析：糖类又称碳水化合物，徐福记是糖果的一个品牌，糖吃多了容易长蛀牙。

自由和仰

自由　蛙　蝶　仰（猜一体育运动）

A. 足球　　B. 网球　　C. 游泳　　D. 滑冰

答案与解析

答案：C

解析：自由泳、蛙泳、蝶泳、仰泳是游泳的四种泳姿。

白娘子和茶

白娘子　风景名胜　淡妆浓抹　茶（猜一旅游景点）

A. 鼓浪屿　　B. 三亚　　C. 西湖　　D. 黄鹤楼

答案与解析

答案：C

解析：白娘子与许仙在西湖断桥相识，西湖是著名的景点，苏轼有诗“欲把西湖比西子，淡妆浓抹总相宜”，西湖龙井是中国十大名茶之一。

爽约和木马

爽约　信使　和平　木马（猜一动物）

A. 马　　B. 鸽子　　C. 孔雀　　D. 黄蜂

答案与解析

答案：B

解析：爽约又叫放鸽子，古代常用信鸽来做信使，鸽子也被称为和平使者，灰鸽子木马是一个后门程序。在 Windows 目录下，灰鸽子变种木马运行后，会自我复制，并自行将安装程序删除。

黑龙江和烟

黑龙江　武则天　五环之歌　烟（猜一花名）

A. 玫瑰　　B. 牡丹　　C. 月季　　D. 杜鹃

答案与解析

答案：B

解析：牡丹江市是黑龙江省地级市；牡丹中有一品种名“焦骨牡丹”（洛阳红），这个名字的由来与武则天有关；岳云鹏的《五环之歌》改编自《牡丹之歌》；牡丹也是一种烟的品牌。

摄像头和信息

摄像头　二进制　正方形　信息（猜一种新兴事物）

A. 海绵宝宝　　B. 商品　　C. 二维码　　D. 条形码

答案与解析

答案：C

解析：摄像头：手机摄像头是常用的二维码识读设备。

二进制：二维码在代码编制上利用构成计算机内部逻辑基础的“0”“1”比特流的概念，使用若干个与二进制相对应的几何形体来表示文字数值信息，通过图像输入设备或光电扫描设备自动识读以实现信息自动处理。

正方形：常见的二维码是一个正方形图案。

信息：记载和识别信息是二维码的主要功能。

可可和松露

可可　瑞士　罗尔德·达尔　松露（猜一种食物）

答案与解析

答案：巧克力

解析：可可是世界三大饮料植物之一（其他两个是咖啡和茶），原产于美洲热带，可做饮料和巧克力，营养丰富，味醇且香。早在哥伦布抵美前，热带中美洲居民，尤其是玛雅人及阿兹特克人，已知可可豆用途，不但将可可豆做成饮料，更用以作为交易媒介。16 世纪可可豆传入欧洲，精制成可可粉及巧克力。

瑞士也被称为“巧克力王国”：除了钟表和军刀外，瑞士还有一个很有名的东西，那就是巧克力。

《查理和巧克力工厂》改编自 1964 年罗尔德·达尔的同名小说，由华纳兄弟影片公司出品，蒂姆·伯顿执导，约翰尼·德普、弗雷迪·海默等联袂出演。

松露巧克力因外形与法国有名的蕈类松露相似而得名。松露巧克力的传统做法都是外表沾上可可粉，看起来就像沾满沙土的松露。

夏天和 8424

夏天　条纹　太郎　8424（猜一食物名）

A. 南瓜　　B. 西瓜

C. 香瓜　　D. 哈密瓜

答案与解析

答案：B

解析：西瓜是夏天的水果，表面有条纹，西瓜太郎是日本漫画《新桃太郎传说》中的主角。早佳 8424 是西瓜的一个品种，是 1984 年 2 月 4 日由上海市原南汇区农业专家育种成功的。

福尔摩斯和大本钟

福尔摩斯　康桥　约翰牛　大本钟（猜一国家）

A. 美国　　B. 英国　　C. 丹麦　　D. 德国

答案与解析

答案：B

解析：福尔摩斯是英国侦探小说家柯南·道尔创造的侦探，徐志摩笔下的康桥是指英国剑桥大学，约翰牛是英国人的绰号，大本钟是英国的标志性建筑之一。

明报和四大才子

明报　张无忌　徐志摩　四大才子（猜一作家名）

A. 陆小曼　　B. 金庸　　C. 古龙　　D. 罗家英

答案与解析

答案：B

解析：《明报》是现今香港最有影响力的报纸之一，1959 年查良镛（即金庸）与中学同学沈宝新合资创办。张无忌是金庸小说《倚天屠龙记》的主人公。徐志摩与金庸是表兄弟，金庸母亲徐禄是徐志摩的堂姑妈。金庸和倪匡、黄沾、蔡澜一起被称为香港四大才子。

东和有眼不识

东　岳父　有眼不识（猜一名词）

A. 北斗星　　B. 男人　　C. 泰山　　D. 方位

答案与解析

答案：C

解析：泰山是五岳之首东岳；泰山也是岳父的别称；成语“有眼不识泰山”，指的是鲁班的一名身怀超人技艺却被他扫地出门的徒弟。

凤凰和全职猎人

凤凰　寂寞　全职猎人（猜一植物）

A. 菊花　　B. 桂花　　C. 梧桐　　D. 柳树

答案与解析

答案：C

解析：传说凤凰非梧桐不栖，李煜的《相见欢》中有“寂寞梧桐深院锁清秋”，梧桐是动漫作品《全职猎人》中的一个人气角色。

园丁和人梯

园丁　先生　西宾　人梯（猜一种职业）

A. 老师　　B. 医生　　C. 律师　　D. 建筑师

答案与解析

答案：A

解析：这些都是老师的别称。

西宾：古人席次尚右，右为宾师之位，居西而面东。后尊称授业之师或幕友为“西宾”。

人梯：上面的人踩着下面人的肩膀攀援而成梯，指为别人的成功而作自我牺牲的人，现亦用来做对老师的最高评价。

先生是称呼，字面的意思表示为出生比自己早、年龄比自己大的。以此外延为对有一定地位、学识、资格的人可以称为“先生”。

成都和丞相

成都　木牛流马　观星　丞相（猜一个历史人物）

A. 曹操　　B. 诸葛亮　　C. 司马懿　　D. 刘璋

答案与解析

答案：B

解析：武侯祠位于成都市武侯区，肇始于公元223年修建刘备惠陵时，它是中国唯一的一座君臣合祀祠庙，是最负盛名的诸葛亮、刘备及蜀汉英雄纪念地。

木牛流马为三国时期蜀汉丞相诸葛亮发明的运输工具，分为木牛与流马。

观星是诸葛亮在三国杀中的技能。

诸葛亮是三国时期蜀国丞相。

温室和 0.034%

温室　灭火　降雨　0.034%（猜一种气体）

A. 氧气　B. 氮气　C. 二氧化碳　D. 一氧化碳

答案与解析

答案：C

解析：温室效应中温室气体就是指二氧化碳。

灭火器的一种就是用二氧化碳来灭火。

人工降雨所使用的干冰也是二氧化碳。

空气中二氧化碳的体积分数约为 0.034%，氮气的体积分数约为 78%，氧气的体积分数约为 21%，稀有气体（氦、氖、氩、氪、氙、氡）的体积分数约为 0.934%，其他物质（如水蒸气、杂质等）的体积分数约为 0.002%。

纸上谈兵和九宫

纸上谈兵　三十二　楚汉之争　九宫（猜一种棋类）

A. 象棋　B. 围棋　C. 军棋　D. 跳棋

答案与解析

答案：A

解析：象棋是一种对抗性的游戏；象棋子总共 32 枚；象棋盘上的“楚

河”和“汉界”寓意楚汉之争；九宫指将帅的活动区域，即棋盘上的“米字格”，当对方棋子逼近时，通常要转为防守。

沉鱼和杨二嫂

沉鱼　施夷光　范蠡　杨二嫂（猜四大美人之一）

A. 杨玉环　　B. 西施　　C. 王昭君　　D. 貂蝉

答案与解析

答案：B

解析：“闭月羞花，沉鱼落雁”中的沉鱼讲的是春秋战国时期西施浣纱的经典故事；西施原名施夷光；西施与范蠡的爱情故事家喻户晓；鲁迅笔下的杨二嫂年轻时被称为“豆腐西施”。

贝类和鲛人

贝类　碳酸钙　三十年　鲛人（猜一宝石）

A. 钻石　　B. 珍珠　　C. 翡翠　　D. 玛瑙

答案与解析

答案：B

解析：珍珠主要产于贝类；碳酸钙是珍珠的主要成分；结婚三十年称为珍珠婚；传说鲛人泣珠，即鲛人的眼泪可以化为珍珠。

蝈蝈和七兄弟

蝈蝈　铁拐李　悬壶济世　七兄弟（猜一物）

A. 西瓜　　B. 葫芦　　C. 药　　D. 豌豆

答案与解析

答案：B

解析：蝈蝈葫芦是蓄养鸣虫的最佳虫具之一，铁拐李随身带着一个葫芦，悬壶济世中的壶指的就是葫芦，葫芦娃七兄弟是经典的动画片形象。

意大利和李钟硕

意大利　木偶　说谎　李钟硕（猜一卡通角色）

A. 匹诺曹　　B. 小飞侠　　C. 辛巴　　D. 花木兰

答案与解析

答案：A

解析：《木偶奇遇记》是意大利的童话故事，主人公是个说谎话鼻子就会变长的木偶，李钟硕主演了韩剧《匹诺曹》。

柯镇恶和哺乳动物

柯镇恶　天鼠　哺乳动物（猜一动物）

A. 鸽子　　B. 小白鼠　　C. 蝙蝠　　D. 蛇

答案与解析

答案：C

解析：柯镇恶绰号“飞天蝙蝠”，是金庸武侠小说《射雕英雄传》和《神雕侠侣》中的人物，他是大侠郭靖的师父；蝙蝠的别称为天鼠；蝙蝠是哺乳动物。

荷花和八仙

荷花　增城　八仙（猜一神话人物）

A. 蓝采和　B. 何仙姑　C. 嫦娥　D. 南极仙翁

答案与解析

答案：B

解析：何仙姑经常手持荷花；何仙姑旅游景区是增城八景之一，位于增城市小楼镇小楼墟；增城是中国道教“八仙”之中唯一女仙何仙姑的故乡。

城市和航海家

城市　新大陆　航海家（猜一人名）

A. 哥伦布　B. 麦哲伦　C. 达·伽马　D. 郑和

答案与解析

答案：A

解析：哥伦布市是美国第十五大城市，是美国俄亥俄州政府所在地。

克里斯托弗·哥伦布是著名航海家，他发现了美洲“新大陆”。

仲尼和仁礼义

仲尼　四书　言行集　仁礼义（猜一古典著作）

A. 大学　　B. 论语　　C. 老子　　D. 中庸

答案与解析

答案：B

解析：孔子，名丘，字仲尼。《论语》是中国春秋时期一部语录体散文集，由孔子弟子及再传弟子编纂而成，主要记录孔子及其弟子的言行，较为集中地反映了孔子的仁礼义思想，是儒家学派的经典著作之一。全书共 20 篇 492 章，首创“语录体”。《论语》是四书之一，也是中国传扬并学习的古代著作之一。

运和陶渊明

运　岛　孔尚任　陶渊明（猜一种花）

A. 梅花　　B. 桃花　　C. 桂花　　D. 荷花

答案与解析

答案：B

解析：桃花运形容一个人命运里异性缘佳，身边围绕着许多异性；桃花岛是金庸武侠小说《射雕英雄传》和《神雕侠侣》中东海的一个孤岛；《桃花扇》是孔尚任的代表作；陶渊明著有《桃花源记》。

扶不起和刘备

扶不起　乐不思蜀　后主　刘备（猜一人物）

A. 诸葛　　B. 孙策　　C. 阿斗　　D. 孙权

答案与解析

答案：C

解析：阿斗是刘备的儿子刘禅，蜀汉后主，人们多称其为“扶不起的阿斗”，成语乐不思蜀与他有关，意为甘心为虏不思复国。

五行和信号

五行　朝代　不活泼　信号（猜一元素）

A. 金　　B. 木　　C. 水　　D. 火　　E. 土

答案与解析

答案：A

解析：金是五行之一（金木水火土）；历史上有朝代金和后金；金是最不活泼的金属元素；鸣金是一种中国古代战争时作战行动信号方式，指进攻、停止或撤退。

电视台和涅槃

电视台　潮州名胜　沈从文　涅槃（猜一名词）

A. 山海经　　B. 凤凰　　C. 丽江　　D. 乌镇

答案与解析

答案：B

解析：凤凰电视台；潮州有名胜凤凰山；沈从文的出生地是湖南省凤凰县；凤凰涅槃，浴火重生。

水龙头和李逵

水龙头　锁头　铸造　李逵（猜一物品）

A. 铁牛　　B. 桌子　　C. 水管　　D. 斧子

答案与解析

答案：A

解析：一种水龙头的牌子叫铁牛，一种锁的牌子也叫铁牛，铁牛可以由铸造技术生产，李逵的小名叫铁牛。

标致和狻猊

标致　王　聊斋志异　狻猊（猜一动物）

A. 老虎　　B. 狮子　　C. 猫　　D. 豹子

答案与解析

答案：B

解析：标致汽车的标志是一只站立的狮子，《狮子王》是著名动画片，蒲松龄的《聊斋志异》卷五有篇目《狮子》，狮子在中国古称狻猊。

古巴和发酵

古巴　高希霸　徐志摩　发酵（猜一物）

A. 酒　　B. 雪茄　　C. 排球　　D. 醋

答案与解析

答案：B

解析：古巴生产的雪茄普遍被认为是雪茄中的极品。Cohiba（高希霸）是创立于1968年的一个年轻的古巴雪茄品牌。雪茄是由干燥及经过发酵的烟草卷成的香烟。雪茄（Cigar）的中文名是由徐志摩翻译的。

Part 5
看图猜谜

看图谜语的内容非常广泛，俗话说：“事事皆可入谜。”可见谜的内容无所不包。例如，猜成语，仅常用成语就有5000余条；猜国名，全世界有100多个国家。因此，要多关心各种事物，多读书，不断丰富自己的知识。

看图猜谜与传统谜题不同之处在于题在图中，而不是全由文字做主导，但它们的解答技巧也有一定的共通之处，常见的方法包括正猜法、反猜法、分猜法、用典法等。

眉与色

请根据下方图片猜一个成语。

答案与解析

答案：眉飞色舞

解析：“眉”字飞起来了，“色”字在跳舞。答案就是眉飞色舞。

【解释】色：脸色，形容人得意兴奋的样子。

【例子】清·李宝嘉《官场现形记》第三十二回：“余荩臣一听‘明保’二字，正是他心上最为关切之事，不禁眉飞色舞。”

义和亲

请根据下方图片猜一个成语。

答案与解析

答案：大义灭亲

解析：根据意境，大的“义”字杀害了小的“亲”字，答案就是大义灭亲。

【解释】大义：正义，正道；亲：亲属。为了维护正义，对犯罪的亲属不徇私情，使之受到应得的惩罚。

【例子】《左传·隐公四年》：“大义灭亲，其是之谓乎？”

看图猜成语①

请根据下方图片猜一个成语。

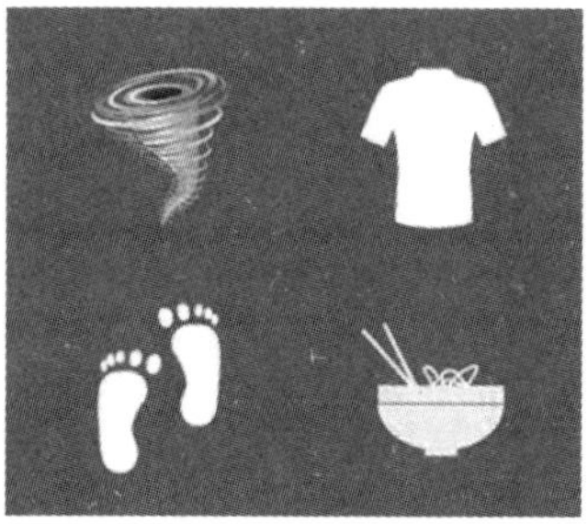

答案与解析

答案：丰衣足食

解析：第一个是风，谐音丰；第二个是衣服，扣衣；第三个是脚印，扣足；第四个是一碗面条，面条是食物，扣食。答案就是丰衣足食。

【解释】足：够。穿的吃的都很丰富充足，形容生活富裕。

【例子】五代·王定保《唐摭言》卷十五：“堂头官人，丰衣足食，所往无不克。”

植物和士兵

请根据下方图片猜一个成语。

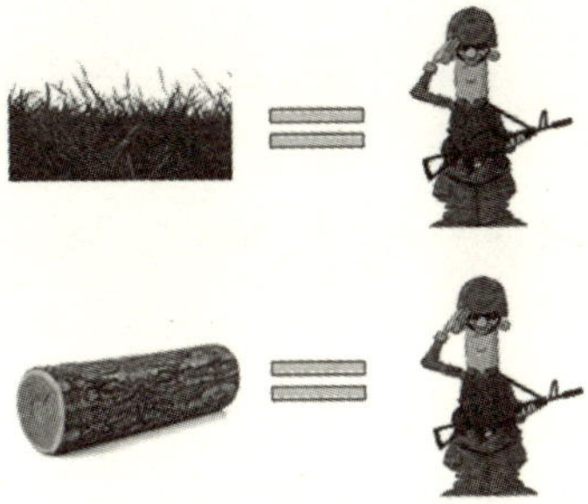

答案与解析

答案：草木皆兵

解析：图片的上方是草＝兵，下方是木＝兵。合在一张图中，也就是草木皆兵。

看图猜成语②

请根据下方图片猜一个成语。

答案与解析

答案：心花怒放

解析：第一个是心，第二个是菊花，第三个是怒的表情，第四个是小篆体的放，连在一起就是心花怒放。

【解释】怒放：盛开，心里高兴得像花儿盛开一样，形容极其高兴。

【例子】清·吴趼人《二十年目睹之怪现状》："只他这一番言语举动，便把个舅爷骗得心花怒放。"

看图猜词语

请根据下方图片猜一个名词（3个字）。

答案与解析

答案：杀人犯

解析：这碗饭杀了人，所以是杀人犯（饭）。

看图猜成语③

请根据下方图片猜一个成语。

答案与解析

答案：一针见血

解析：1就是一；打针，取针字；火箭，取见的谐音；雪花，取血的谐音。

【解释】比喻说话直截了当，切中要害。

【例子】毛泽东《反对党八股》：“这不是把我们的毛病讲得一针见血吗？不错，党八股中国有，外国也有，可见是通病。”

【注意】血为多音字，此处读音应该为 xie（三声）。

花 锦

请根据下方图片猜一个成语。

答案与解析

答案：锦上添花

解析：“锦”字上有几朵花，答案显然就是“锦上添花”。

口 祸

请根据下方图片猜一个成语。

答案与解析

答案：祸从口出

解析：图中是一个口，说出“祸”，所以答案是祸从口出。

【解释】指说话不谨慎容易惹祸。

【例子】晋朝·傅玄《口铭》：“病从口入，祸从口出。”

剪 别

请根据下方图片猜一个成语。

答案与解析

答案：别出心裁

解析：图片中别字上有心，并且心字准备被剪刀剪开。

【解释】别：另外；心裁：心中的设计、筹划。另有一种构思或设计，指想出的办法与众不同。

晚饭吃了小龙虾

请根据下方图片猜一个成语。

答案与解析

答案：答非所问

解析：答案和问题不相符，回答的答案与所问的问题不对应，就是答非所问。

【解释】回答的不是所问问题的答案。

【例子】清·文康《儿女英雄传》：“老爷正觉得他答非所问，程相公那里就打听说：‘什么叫作稀罕儿？’”

纸中虎

请根据下方图片猜一个成语。

答案与解析

答案：照猫画虎

解析：照着猫画，画出来的却是老虎。答案就是照猫画虎。

【解释】比喻照着样子模仿，只是依样画葫芦，实际上并不理解。

【例子】清·李绿园《歧路灯》第十一回："这大相公聪明得很，他是照猫画虎，一见即会套的人。"

手与目

请根据下方图片猜一个成语。

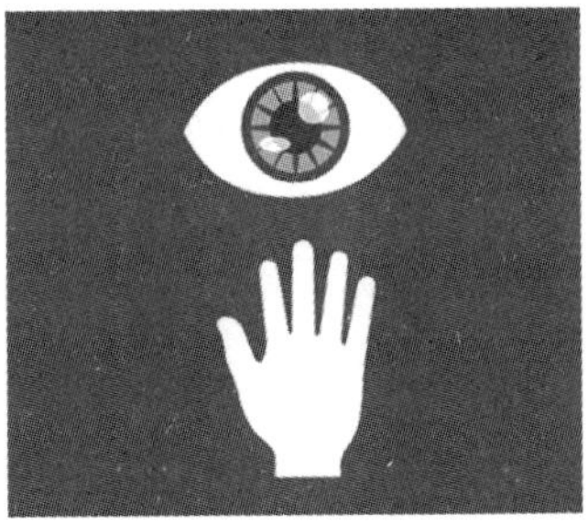

答案与解析

答案：眼高手低

解析：图中为眼睛和手。眼睛的位置比手的位置高。答案即为眼高手低。

【解释】眼力过高，手法过低。指要求的标准很高（甚至不切实际），但实际上自己也做不到。

【例子】清·陈确《与吴仲木书》："譬操觚家一味研穷休理，不轻下笔，终是眼高手生，鲜能入彀。"

看图猜成语④

请根据下方图片猜一个成语。

答案与解析

答案：包罗万象

解析：每幅图对应一个字。第一幅图对应包；第二幅图对应锣，谐音"罗"；第三幅图对应万；第四幅图对应象。答案即为包罗万象。

【解释】包罗：包括；万象：宇宙间的一切景象，指各种事物。形容内容丰富，应有尽有。

【例子】《黄帝宅经》卷上："所以包罗万象，举一千从，运变无形而能化物，大矣哉，阴阳之理也。"

虚空座席

请根据下方图片猜一个成语。

答案与解析

答案：座无虚席

解析：左边的“座”被打了一个叉，即“座无”；右边是一个用虚线写成的“席”字，所以是“虚席”；合起来就是“座无虚席”。

看图猜字①

请根据下方图片猜一个字。

3.14159……

答案与解析

答案：机

解析：左边是一棵树，扣“木”，右边是圆周率 π，形似“几”，合起来就是“机”。

羊在哪

请根据下方图片猜一个成语。

答案与解析

答案：羊入虎口

解析：大拇指和食指张开后的地方被叫作虎口，羊在虎口里，即为羊入虎口。

【解释】羊处于老虎的威胁下，或进入了老虎的领地。比喻弱者陷入险恶的境地，面临被残害的处境。

【例子】罗贯中《粉妆楼》第七回：“俺们是不怕他的，明日恐怕他们来寻你们，你们却是弄他不过，那时羊入虎口，怎生是好？”

看图猜成语⑤

请根据下方图片猜一个成语。

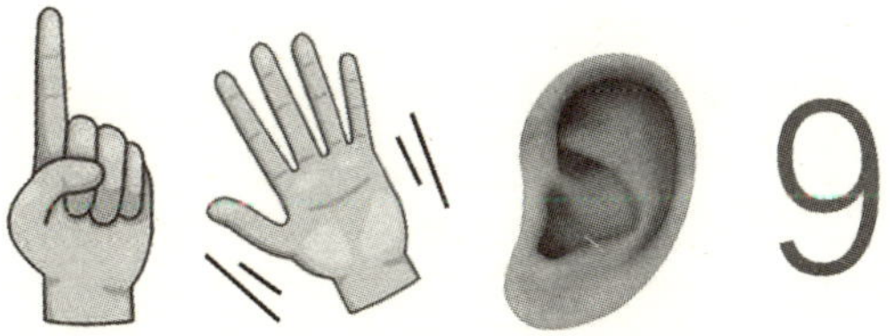

答案与解析

答案：一挥而就

解析：仔细看图，第一只手是一根手指，也就是“一”；第二只手在挥动，也就是“挥”；第三个是一个耳朵，谐音是“而”；第四个是数字9，也就是“就”。所以答案是一挥而就。

月在半天挂

请根据下方图片猜一个成语。

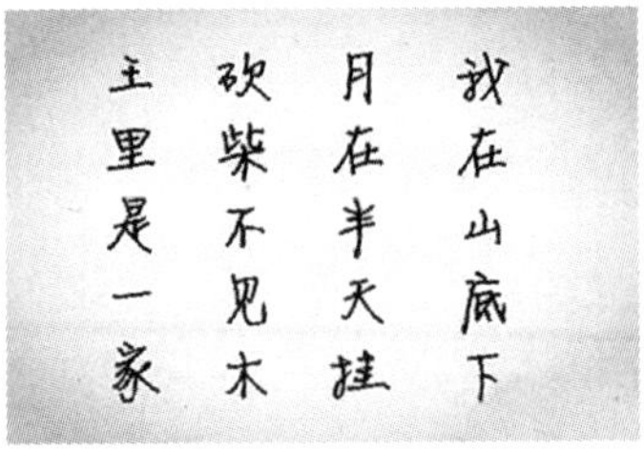

答案与解析

答案：岂有此理

解析：第一句为“山”和“己（我就是己）”组成“岂”；第二句“月”和“天”字的一半组成“有”；第三句“柴”去掉“木”剩下一个“此”字；第四句“王”“里”合为“理”。

【解释】岂：哪里。哪里有这样的道理，指极为荒谬，绝无道理。

是 非

请根据下方图片猜一个成语。

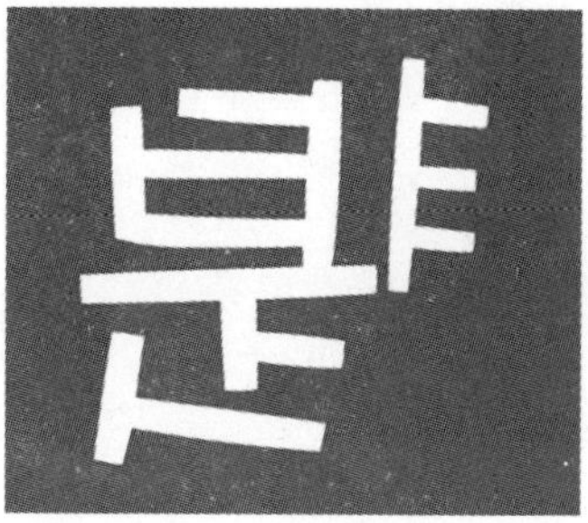

答案与解析

答案：是非不分 / 不辨是非 / 似是而非

解析：图中除了“是”字，还有个“非”字。是非混淆在一起了。

螃蟹过街

请根据下方图片猜一个成语。

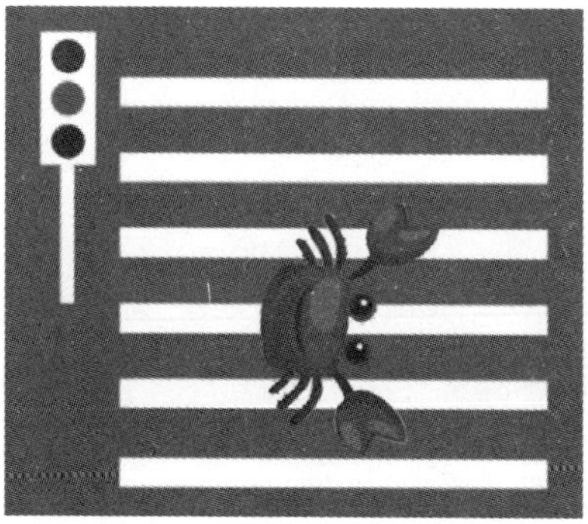

答案与解析

答案：横行霸道

解析：螃蟹是横着走路的。一只横向行走的螃蟹霸占着人行道，答案就是横行霸道。

【解释】横行：行动蛮横仗势做坏事；霸道：蛮不讲理。依仗权势为非作歹。

【例子】清·曹雪芹《红楼梦》第九回：“一任薛蟠横行霸道，他不但不去管约，反‘助纣为虐’讨好儿。”

几个人

请根据下方图片猜一个成语。

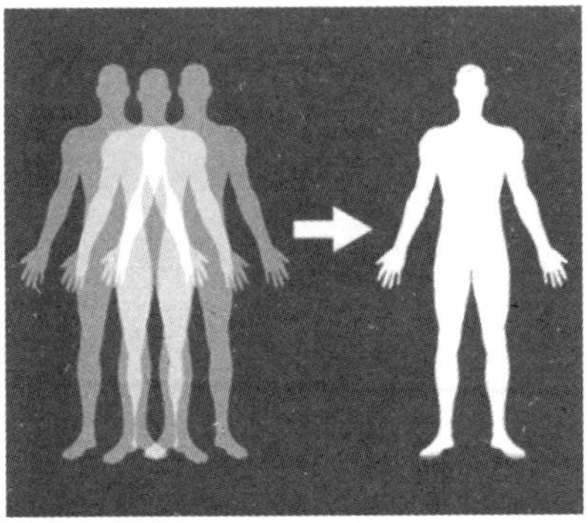

答案与解析

答案：三位一体

解析：左边的三个人经过合成，变成了一个整体。答案就是三位一体。泛指三个人、三件事或三个方面联成的一个整体。

星　星

请根据下方图片猜一个成语。

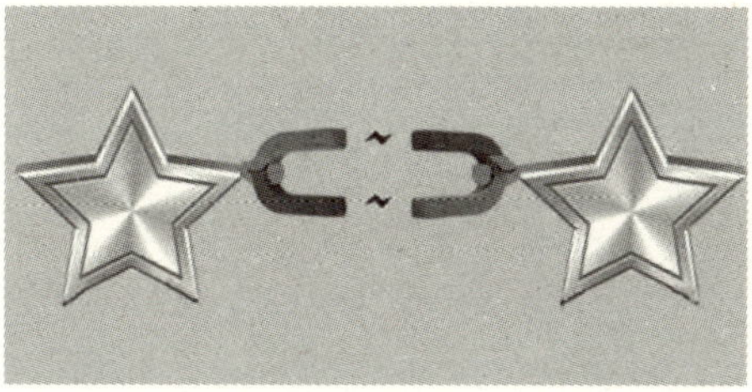

答案与解析

答案：惺惺相惜

解析：星星互相用磁铁吸引，即星星相吸，谐音惺惺相惜。

【解释】性格、志趣、境遇相同的人互相爱护、同情、支持。

【例子】元·王实甫《西厢记》："他若是共小生，厮觑定，隔墙儿酬和到天明，方信道惺惺的自古惜惺惺。"

看图猜字②

请根据下方图片猜一个字。

答案与解析

答案：丸

解析：时钟上显示为九点，九点（九加一点为丸）。

看图猜字③

请根据下方图片猜一个字。

答案与解析

答案：糖

解析：图为 618—907 年即唐朝时期的米（糙米），意即“唐”与“米”，组合成“糖”字。

看图猜字④

请根据下方图片猜一个字。

+ − × ÷

答案与解析

答案：坟

解析：符号组合起来，就是个坟字。

看图猜字⑤

请根据下方图片猜一个字。

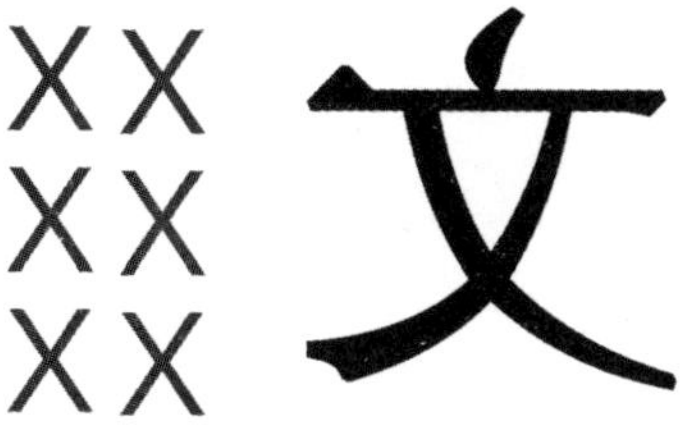

答案与解析

答案：效

解析：图中为一反过来的“文”字，即表示反文旁“攵”；有六个叉即寓意为“六”“乂”；则它们组合成“效”字。

多多多多

请根据下方图片猜一个字。

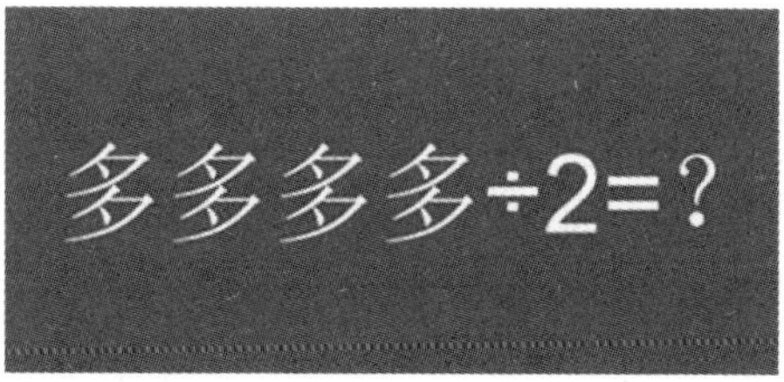

答案与解析

答案：罗

解析：多字拆分为两个夕，谜面谜底为“八夕 ÷2= 四夕”，即扣“罗”。

Part 6
趣味数学

趣味数学是运用数学知识的大众化智力娱乐活动，为了增加趣味性，数学趣题往往表达得比较复杂，或者非常生活化。日常生活中的娱乐体育，如围棋、象棋、扑克、桥牌等都是趣味数学题的丰富来源。

虽然数学经常会让那些自以为很聪明的人感觉自己笨得不行，但事实上，数学本身非常有趣，它是我们日常生活的一部分，每个人都能从中享受乐趣。趣味数学的主要目的就是提高读者学习数学的兴趣。本章精选趣味数学题，意在把兴趣培养、智力开发和创新能力培养结合起来，让读者在“玩”中感受数学的乐趣。

精明的商人

丹尼尔在草原考察时从牧民那里用1000元买了一匹马。过了两天，他认为自己吃亏了，要求牧民退回300元。牧民说：“可以，只要你按我的要求买下马蹄铁上的12颗钉子，第一颗是2元，第二颗是4元，按照每一颗钉子是前一颗的2倍，我就把马送给你，怎么样？”请问，如果丹尼尔答应的话，他是赚了还是亏了？

A. 赚了　　　　B. 亏了

答案与解析

答案：B

解析：当然是亏了，马蹄铁上钉子的价格依次为2^1、2^2、2^3……2^{12}，只是2^{12}就已经等于4096了。

三个人的猜拳

托马斯松和两个室友经常用猜拳来决定谁打扫卫生，可他们老是平手，分不出胜负。于是，托马斯松就想：如果一次只有两个人的话，就不会出现这么多次平手了。你认为托马斯松的想法正确吗？

A. 正确　　　　B. 不正确　　　　C. 不确定

答案与解析

答案：B

解析：两个人猜拳的排列组合有9种（3×3），所以有1/3的机会是平手。而三个人猜拳时，排列组合有27种（3×3×3），会造成平手的情况如下：

“石头、石头、石头”；“石头、布、剪刀”；“石头、剪刀、布”；“剪刀、石头、布”；“剪刀、剪刀、剪刀”；“剪刀、布、石头”；“布、石头、剪刀”；“布、剪刀、石头”；“布、布、布”。共9种情况，因此平手的机会一样是1/3。

99个科学家

科学成果展示会上来了99个科学家，科学家们之间的距离互不相等。假设每个科学家都盯着离自己最近的那个科学家看，是否存在一个没被人盯着看的科学家？

A. 存在　　B. 不存在　　C. 不确定

答案与解析

答案：A

解析：考虑距离最近的两个科学家，显然他们俩正互相盯着。如果还有别人盯着他们俩中的任何一个，就表明有人同时被两个人盯着，因此必然存在另一个人没被人盯着；如果没有别人在盯这两个人，那么我们就可以去掉这两个人，这对其他人不会产生任何影响。注意到展示会上的总人数是个奇数，如此继续下去，要么我们能在某一步找到一个没被盯着的人，要么最终就只剩下一个人，且他没有被任何人盯着。

井里的蜗牛

帕萨贝尔探长回家时被兴奋的儿子告知，他们楼下的废井里有只奇怪的蜗牛，井距地面 5 米，蜗牛要从井底爬上地面。据他观察，蜗牛白天爬上去 2 米，晚上又要滑下 1 米，请问蜗牛几天能爬到地面上来？

A. 2　　B. 3　　C. 4　　D. 5

答案与解析

答案：C

解析：一共要 4 天。前 3 天蜗牛向上爬行的距离为（2−1）×3，即为 3 米；第 4 天白天蜗牛爬 2 米刚好到了井口，不会下滑了。

大白大胖白胖胖

智慧镇小学的数学试卷上偶尔也会出现“语文题”，比如：

已知“大，白，胖”分别代表三个不同的数字，而且“大白 + 大白 = 白胖胖”，请问“胖”是什么数字？

A. 1　　B. 2　　C. 3　　D. 4

答案与解析

答案：B

解析：“大”和“白”能组成的最大数是 99，那么“白胖胖”最大也只能是 198，那么“白”就不可能超过 2，只能是 1。

又因为“大白 + 大白”等于一个三位数，所以“大”只能≥ 5。

下面分类讨论：

假设“大 =5”，那么“大白 =51”，那么“白胖胖 =102”，不符合条件。

假设“大 =6”，那么“大白 =61”，那么“白胖胖 =122”，符合条件。

假设“大 =7”，那么“大白 =71”，那么“白胖胖 =142”，不符合条件。

假设“大 =8”，那么“大白 =81”，那么“白胖胖 =162”，不符合条件。

假设“大 =9”，那么“大白 =91”，那么“白胖胖 =182”，不符合条件。

所以结果只有一个，即“大 =6，白 =1，胖 =2”，“大白 + 大白 = 白胖胖”就是“61+61=122”。

被 43 除尽的整数

斯隆桌上有三张分别写着 2、1、6 的卡片，恰好托马斯松过来，斯隆便问他能否排成一个可以被 43 除尽的整数。请问托马斯松有可能做到吗？

A. 能　　　　　　B. 不能

答案与解析

答案：A

解析：只要把 6 当 9 用即可（注意题目说了是卡片），答案是 129。

13 个 3

排完三张卡片，斯隆接着问托马斯松，如果给你 13 个 3，允许你添加各种运算符号，你能把这些数排列成一个等式并使其结果等于 100 吗？请问托马斯松有可能做到吗？

A. 能　　　　　　B. 不能

答案与解析

答案：A

解析：$3^3+33+3^3+(3/3)^3+3+3+3+3=100$。

重男轻女的国家

斯隆曾经旅行经过一个重男轻女思想十分严重的国家，那里每个家庭都想生男孩，如果他们生的孩子是女孩，就再生一个，直到生下的是男孩为止。如果不考虑特殊情况或事件，这个国家的男女比例会是多少呢（每次生产男女概率均等）？

A. 1∶1　　B. 2∶1　　C. 3∶1　　D. 1∶2

答案与解析

答案：A

解析：因为每个孩子出生男女概率是50%，所以每次出生的男女比例是相同的。假设这个国家有n对夫妇，那么n对夫妇将生下n个男孩，这n个男孩是这样生下的，假设生男生女的概率是50%，那么n/2个男孩是第一胎生下的，同时将有n/2个女孩生下，n/2对生女孩的夫妇将继续生，其中n/4的夫妇生下男孩，n/4的夫妇继续生下女孩，然后是n/8的夫妇顺利得到男孩，又有n/8的夫妇生下女孩，以此类推，这个国家将生下n/2+n/4+n/8+…的女孩，所以男女比例是n∶(n/2+n/4+n/8+…)=n∶n=1∶1。

遛弯的马

丹尼尔带着他新买的马一起遛弯。刚开始丹尼尔骑在马上走，这样马的速度是每小时12千米，走了正好一半的路程后，丹尼尔心疼自己的马，于是跳下来牵着马走，这样他的速度仅仅是每小时4千米。请问马的平均速度究竟是多少？

A. 5　　B. 6　　C. 7　　D. 8

答案与解析

答案：B

解析：如不仔细思考，可能会回答：8 千米 / 时，其实不是。如果全路程是“1”的话，那么前一半路马走 1/2÷12=1/24（单位时间），而后一半路程走 1/2÷4=1/8（单位时间）。全程应该走 1/24+1/8=1/6（单位时间）。因此，马的平均速度应为 6 千米 / 时。

跑道上的马

丹尼尔来到了一个跑马场，这里的跑道上有 A、B、C 三匹马。据了解，在一分钟内，A 能跑两圈，B 能跑三圈，C 能跑四圈。现将三匹马并排在起跑线上，准备向同一个方向起跑。请问，经过几分钟这三匹马又能并排地跑在起跑线上？

A. 1　　B. 4　　C. 6　　D. 12

答案与解析

答案：A

解析：这时 A 跑完两圈，B 跑完三圈，C 跑完四圈，三匹马正好再一次在起跑线上处于并排状态。

报纸的页数

哈利博士在看报纸时，发现他手中报纸的第 8 页和第 21 页在同一张纸上。请问这张报纸共有几页？

A. 28 页　　B. 29 页　　C. 30 页

D. 31 页　　　　　　E. 这种报纸不存在

答案与解析

答案：A

解析：因为在第 8 页之前有 7 页，且第 8 页和第 21 页在同一张纸上，所以在第 21 页之后一定有 7 页。故报纸总共有 28 页。

100 个核桃

智慧镇幼儿园的下午点心之一就有核桃，但 100 个核桃要分给 25 个人，要求谁也不许分到偶数个，可能吗（核桃要完整的，不能分开）？

A. 可能　　　　　　B. 不可能

答案与解析

答案：B

解析：假如 100 这个数可以分成 25 个奇数的话，那么仿佛说奇数个奇数的和等于 100，即为偶数了，而这是不可能的。事实上，这共有 12 对奇数，另外还有一个奇数。每一对奇数的和是偶数，12 个偶数相加，和为偶数；再加上一个奇数，就又成为奇数，因此，100 个核桃分给 25 个人，每个人分到奇数个是不可能的。

穿越沙漠

斯隆要穿越一片沙漠去见他的一位老朋友，徒步穿越需要 6 天的时间，但一个人只能带 4 天的口粮，很显然他一个人无法走完整个路程，于是他决定带上几个帮手，每个帮手也只能带 4 天的口粮，请问他最少需要几个帮手才能帮他见到老朋友（帮手不用穿越整个沙漠，但要安全返回）？

A. 1 个　　B. 2 个　　C. 3 个　　D. 4 个

答案与解析

答案：B

解析：他至少需要两个帮手，每人都带上 4 天的口粮，走完一天后，其中一个帮手把他的 2 天口粮分给斯隆和另一个帮手，然后他带上 1 天的口粮原路返回；走完第二天后，另一个帮手把他 1 天的口粮给斯隆，然后他带上 2 天的口粮原路返回；斯隆带上 4 天的口粮走完剩下的 4 天路程。

100 元报酬

斯隆和帕萨贝尔去朋友新建的农场帮忙播种子种花，一人负责十亩地，斯隆每开一亩地要 20 分钟，帕萨贝尔要 40 分钟，而帕萨贝尔播花种子的速度是斯隆的三倍，朋友笑称一共给他们准备了 100 元报酬，如果按照工作量计算工资，帕萨贝尔应该得到多少？

A. 20　　B. 50　　C. 75　　D. 80

答案与解析

答案：B

解析：每人都负责十亩地，按照工作量计算工资，无论快慢，每人应得 50 元报酬。

牛奶和咖啡哪个多？

卡特既喜欢牛奶也喜欢咖啡，现在他的桌上有着相同容量的咖啡和牛奶各一杯。他用一把勺子先从咖啡杯中舀一勺咖啡，倒入牛奶中，搅拌均匀；然后再舀一勺混合的咖啡牛奶倒入咖啡中，再搅拌均匀（每勺的量都一样）。请问这时是牛奶杯中的咖啡多，还是咖啡杯中的牛奶多呢？

A. 咖啡杯中的牛奶多　　B. 一样多　　C. 牛奶杯中的咖啡多

答案与解析

答案：B

解析：假设咖啡和牛奶都有 10 份，一勺是一份。

先舀一勺咖啡放入牛奶里，此时咖啡还剩 9 份，而牛奶有 11 份了，但是牛奶里有 1 份是咖啡。

再舀一勺牛奶放入咖啡中，此时舀的一勺牛奶里，已经不全是牛奶了。

如果牛奶和咖啡充分溶解，那一勺咖啡里应该有 10/11 份牛奶、1/11 份咖啡。

也就是说，牛奶杯里还剩 9 又 1/11 份牛奶、10/11 份咖啡。

而现在的咖啡杯里就应该有 9 又 1/11 份咖啡了、10/11 份牛奶。

和的四次方

罗伊看到儿子的试卷上空了一题不会答，题目是这样的：有一个四位数，组成它的 4 个数字之和的四次方刚好与它相等，请问组成它的 4 个数字之和为多少？

A. 6　　B. 7　　C. 8　　D. 9　　E. 10

答案与解析

答案：B

解析：设组成它的 4 个数字之和为 x，又因为 $10^4=10000$ 为五位数，所以 $x<10$，且 $5^4=625$，所以 $5<x<10$；因而 x 只可能是 6、7、8、9。

$6^4=1296$，$7^4=2401$，$8^4=4096$，$9^4=6561$，其中只有：$7^4=2401=(2+4+0+1)^4$，所以组成它的 4 个数字之和为 7。

苹果、葡萄和香蕉

这是智慧镇小学的一道摸底测试题，请问问号处应填的数字是多少？

A. 21　　B. 22　　C. 24　　D. 25

答案与解析

答案：D

解析：苹果 =7，葡萄 =12，三根香蕉 =6，所以是 7+12+6=25。

26-63=1

智慧镇小学的摸底测试题：移动哪个数字，可以使下列等式成立？

$$26 - 63 = 1$$

A. 1　　B. 左边的 6　　C. 3　　D. 右边的 6

答案与解析

答案：B

解析：$2^6-63=1$。

恼人的假钞

丹尼尔听到楼下的蛋糕店老板抱怨说，昨天傍晚他店里来了一位客人，这个客人拿了 10 元钱来买蛋糕。蛋糕 7 元一块，需要找给客人 3 元。因为没有零钱，他就拿着这张 10 元钱到隔壁杂货店破成零钱，找给客人 3 元，客人拿着钱和蛋糕走了。第二天，隔壁小店来人说昨天的钱是假的，他只好拿出 10 元钱赔给对方。蛋糕店老板忍不住要叹气，遇到假钞的损失太大了。请问他一共损失了多少钱？

A. 3　　B. 10　　C. 13　　D. 20

答案与解析

答案：B

解析：从邻居的角度考虑，邻居是不赚不亏的。如果不考虑假钞成本，顾客得利为：蛋糕 7 元、找零 3 元，一共为 10 元。这 10 元就是老板亏的钱。

或者单纯从老板的角度来看：白送客人一块蛋糕（−7）、找邻居以假换真 10 元钱（+10）、白找给客人 3 元钱（−3）、赔给邻居 10 元钱（−10）。他在这个过程中一共得到：$-7+10-3-10=-10$（元），结果同样亏损 10 元钱。

大力士和大蛇

托马斯松逛图书馆时翻到一本神话集，里面提到了大力士斩蛇的故事，传说中的那条大蛇有1000个头，大力士能一次用剑砍去1、17、21或33个头，但是大蛇又相应地生出10、14、0或48个头，请问故事的最后，大力士能不能战胜大蛇？

A. 一定能　　B. 可能可以　　C. 一定不能

答案与解析

答案：C

解析：大力士先按砍21再生0的方法砍47次，此时还剩13个头，接下来砍1再生10，还剩22个头，接下来砍21再生0，还剩1个头，最后一刀砍掉1个头以后还会再生10个头。因此，正确答案是不能。因为每次操作后都是增加或减去3的倍数，而原头是1000个，无法被3整除，始终不能到0。

经过的汽车

帕萨贝尔探长一家开车出门度假，路途中探长问儿子，假设在一段高速公路上，30分钟之内见到汽车经过的概率是95%，那么在10分钟内见到汽车经过的概率是多少（假设概率固定）？

A. 31%　　B. 42%　　C. 63%　　D. 95%

答案与解析

答案：C

解析：这题的关键在于0.95是见到一辆或多辆汽车的概率，而不是仅见到一辆汽车的概率。在30分钟内，见不到任何车辆的概率为0.05。因此，在10分钟内见不到任何车辆的概率是这个值的立方根，而在10分钟内见到一辆车的概率则为1减去此立方根，也就是大约63%。

换啤酒

帕萨贝尔探长下班后在小摊喝啤酒。

啤酒2块钱1瓶，4个盖换1瓶，2个空瓶换1瓶，

请问10块钱可以喝几瓶（老板为人比较敞亮，愿意借出瓶和盖）？

A. 15　　B. 16　　C. 18　　D. 20

答案与解析

答案：D

解析：10元买5瓶酒，5个酒瓶，5个瓶盖；

4个酒瓶换2瓶酒，3个酒瓶，7个瓶盖；

2个酒瓶换1瓶酒，2个酒瓶，8个瓶盖；

2个酒瓶换1瓶酒，8个瓶盖换2瓶酒，3个酒瓶，3个瓶盖；

2个酒瓶换1瓶酒，2个酒瓶，4个瓶盖；

2个酒瓶换1瓶酒，4个瓶盖换1瓶酒，2个酒瓶，2个瓶盖；

2个酒瓶换1瓶酒，1个酒瓶，3个瓶盖；

借5瓶酒，6个酒瓶，8个瓶盖；

6个酒瓶换3瓶酒，8个瓶盖换2瓶酒，还5瓶酒，没有欠账，没有剩余。

共喝5+2+1+1+2+1+1+1+1+5=20瓶酒。

换种方法说：

2块钱一瓶酒，产生一个空瓶一个瓶盖，两个空瓶换一瓶酒，相当于空瓶价值1块钱，4个瓶盖一瓶酒，相当于瓶盖价值5毛钱，也就是说一瓶酒只花5毛钱。所以10块钱就是20瓶酒。

绕地球一圈

罗伊带儿子参观航空展时问道，假设每架飞机只有一个油箱，一箱油可供一架飞机绕地球飞半圈，空中没有加油机，但飞机之间可以相互加油。

那么为使至少一架飞机绕地球一圈回到起飞时的飞机场，最少需要出动多少架次飞机（所有飞机从同一机场起飞，不允许中途降落，必须全部安全返回机场）？

A. 3　　B. 4　　C. 5　　D. 6

答案与解析

答案：C

解析：同时起飞A、B、C三架飞机，行至1/8圈时，C将A、B加满，自己飞回；A、B继续行至1/4圈时，B将A加满，自己飞回；当A飞至1/2圈时，D反方向起飞，A飞行至3/4圈时，A、D相遇，D所剩油平分，两架飞机共同向回飞，同时E反方向起飞；A、D飞行至7/8圈时，与E相遇，E所剩油三架飞机平分，共同飞回。如果不计加油、掉头产生损失的话，刚好所有飞机的油完全用尽。

时针遇上分针

哈利博士最近对钟表的构造很感兴趣，斯隆便问他，你知道时针与分针一昼夜重合几次吗？

A. 24　　B. 23　　C. 25　　D. 12　　E. 22　　F. 11

答案与解析

答案：E

解析：分针每走十二圈，时针自己也要走一圈，因此，分针只绕时针走了十一圈，分针每走二十四圈，时针自己也要走两圈，因此，共重合了（24−2）次。

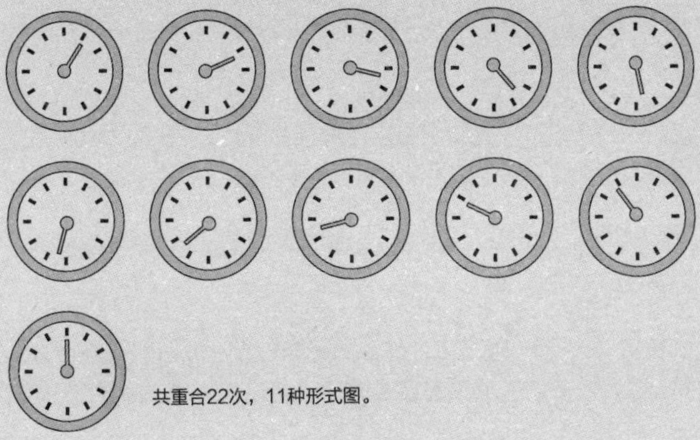

共重合22次，11种形式图。

Part 7
趣味几何

几何学是数学的一门分科，它是研究物体的形状、大小和相互位置关系的科学，也就是研究现实客观世界空间形式和数量关系的一门科学。趣味几何与其说是介绍一些新式数学知识，不如说是激发读者对已知的几何学知识的新奇感。

在我们周围的世界里，各种物体都具有形状、大小和相互之间的位置关系，如课桌的桌面是长方形的，魔方的每个面是正方形的，各种车轮的形状是圆的。魔方有大小之分，魔方的面的大小也是不一样的；汽车有大小，自行车也有大小，同样是车轮，大小也不相同。还应该看到，物体与物体之间，都有着相互位置关系，如上下关系、前后关系和左右关系等。当这些几何知识跳脱了单一枯燥的框架，再配合新奇的切入点，就出现了我们喜爱的趣味几何。

更大的阴影

请问下面两个图中，哪个的阴影部分更大一些？

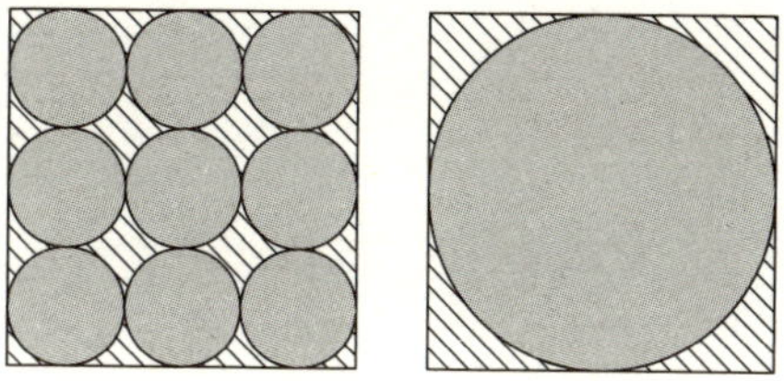

A. 左　　B. 右　　C. 一样大

答案与解析

答案：C

解析：左右两幅图圆的面积是一样大的。设大圆的半径为R，则大圆面积为：$\pi \times R \times R$。小圆的半径为大圆的三分之一，9个小圆面积为：$9 \times \pi \times (R/3)^2$ 结果与大圆面积相同。那么阴影部分的面积也是相同的。

一笔画？

请问下图可以一笔画成吗？

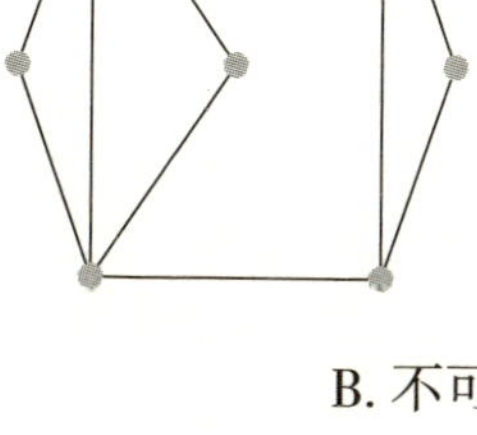

A. 可以　　B. 不可以

答案与解析

答案：A

解析：可以，提供一种解法，从图中间长方形的右上角出发向左直线下来到左下角点，回上去走完不规则四边形，再走右边就很轻松了。

硬塞的五角星

请问在下图中还能再画一个比图中任意一个五角星都大的五角星吗（五角星不能重叠不能超越边框）？

A. 能　　　　B. 不能

答案与解析

答案：A

解析：可以在下图的位置再画一个。

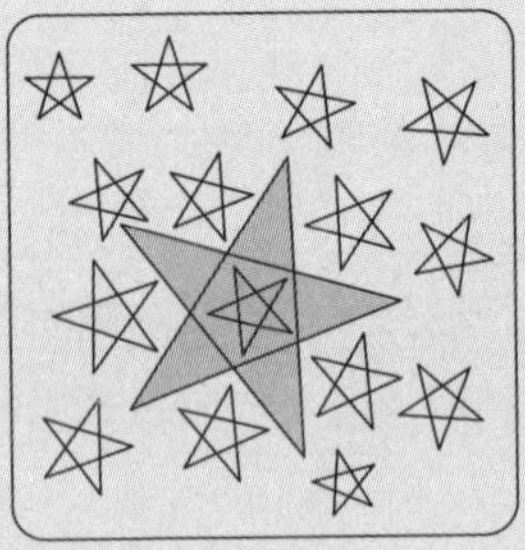

几笔画？

请问下图最少要用几笔画成？

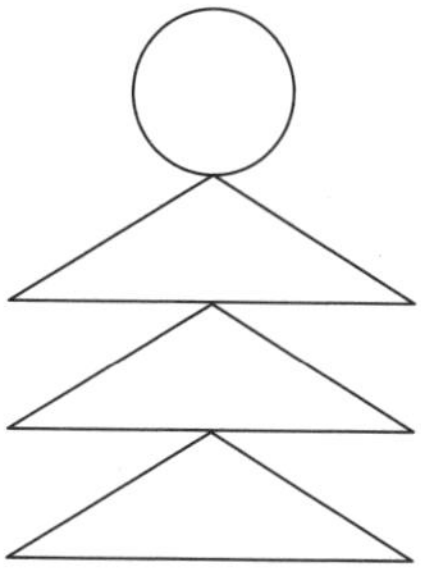

答案与解析

答案：一笔即可，因为是对称图形，可以从最上面一半一半地画，然后再画上去。

拆分田地

帕萨贝尔探长一家在自驾游的路上看到了一块“奇怪”的土地，这块土地呈正方形，土地上有四棵老橡树互相挨着排成一条直线，如下图所示。

帕萨贝尔探长便问儿子，能不能将这块地分成四块大小、形状相等的部分，并且每部分都要有一棵老橡树？请问帕萨贝尔探长的要求有可能办到吗？

A. 能办到　　B. 不可能　　C. 不一定

答案与解析

答案：A

解析：能够做到。只需按照下图的方法分地，就能符合帕萨贝尔探长的要求了。

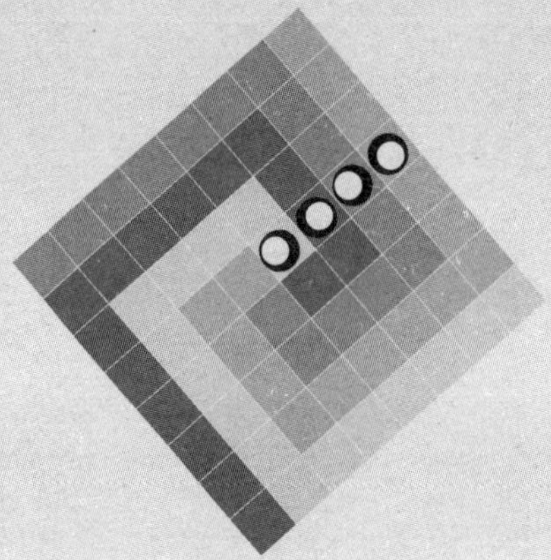

凹的周长

下图中各角均为 90° ，请问它的周长是多少？

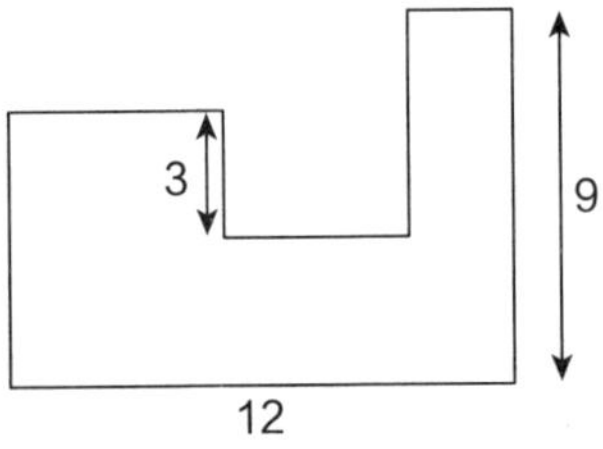

A. 45　　B. 39　　C. 47　　D. 48

答案与解析

答案：D

解析：割补法，12+12+9+9+3+3=48。

拆解七巧板

下图是一副总面积为16的七巧板，请问其中的每一块的面积各是多少？

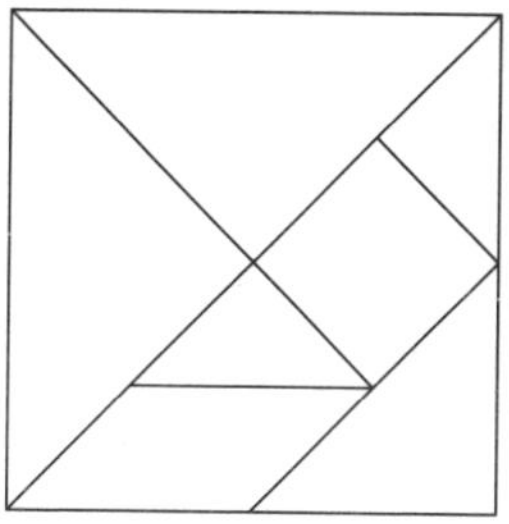

答案与解析

答案：4，4，2，2，2，1，1

解析：1和2的面积是16/4=4；

3和5的面积是16/16=1；

4和6的面积是16/8=2；

7的面积是16/8=2。

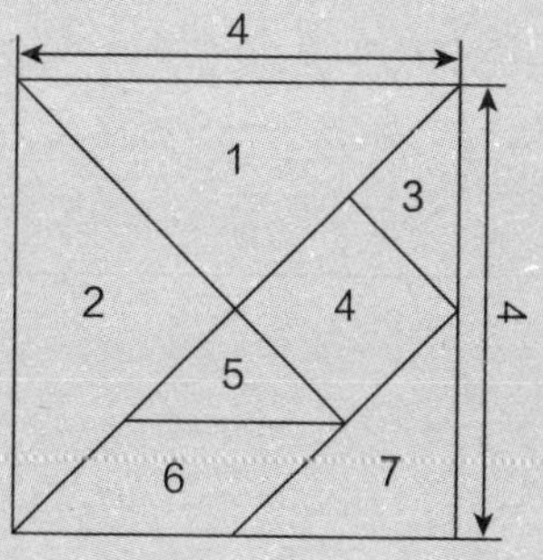

正方形里的角

下图由六个相同大小的正方形摆放而成。请问图中所标示的角为多少度

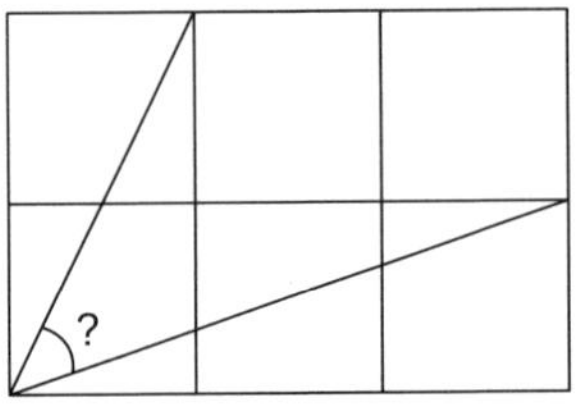

A. 30 度　　B. 45 度　　C. 50 度　　D. 60 度

答案与解析

答案：B

解析：这是一个等腰直角三角形的其中一个底角。

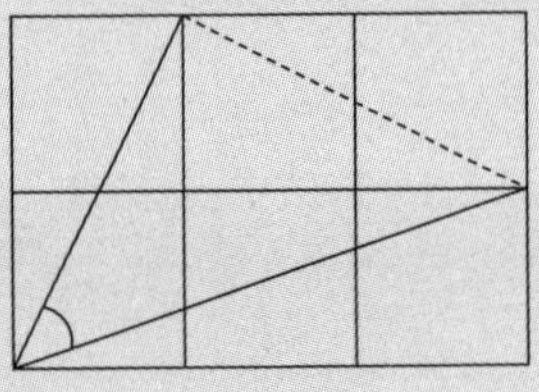

三角形面积

已知下图矩形中三个三角形的面积，请问？处三角形的面积是多少？

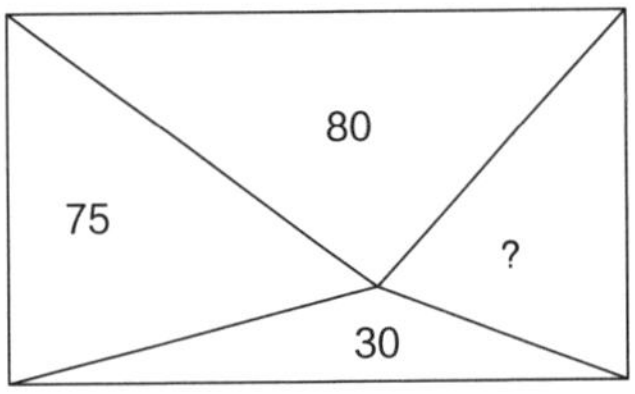

A. 25　　B. 35　　C. 15　　D. 40

答案与解析

答案：B

解析：三角形 80 与 30 的和为长方形面积的一半，再减去 75 即可。

最长的线段

下图中的三条线段都能将一个四分之一圆分为面积相等的两份，请问这三条线段中，哪一个最长，哪一个最短？（答案按长到短顺序表示）

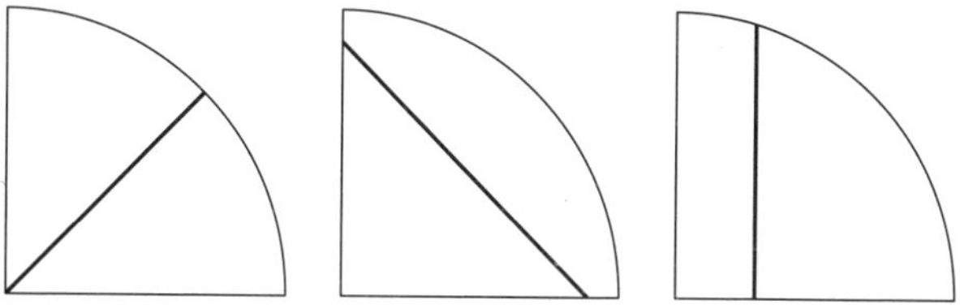

1　　2　　3

A. 123　　B. 321　　C. 213　　D. 231

答案与解析

答案：C

解析：

第一种方案的线段长度等于圆的半径；

第二种方案的线段长度显然大于半径；

第三种方案的线段长度显然小于半径。

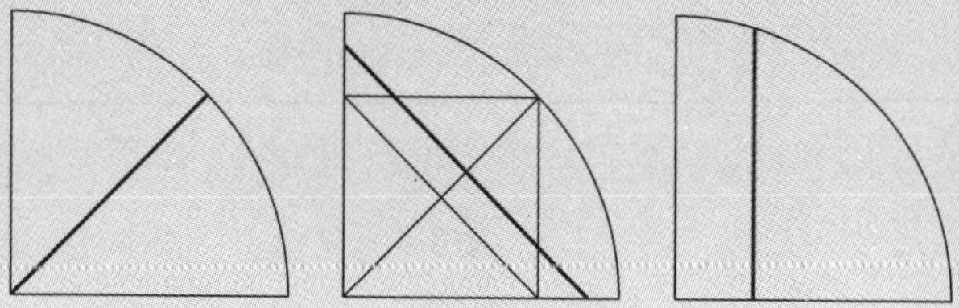

连接三分之二

有一个△ ABC（不一定是正三角形）。在像下图所示的那样，把 BA 的三分之二处和 BC 的三分之二处用直线连接起来之后，请问△ ABC 内灰色处和白色处哪个面积比较大?

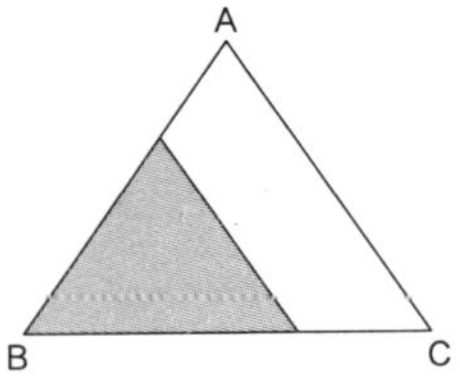

A. 灰色处　　B. 白色处　　C. 一样大

答案与解析

答案：B

解析：请看下面的图形。因为同样大小的三角形在灰色部分有四个，在白色部分有五个。所以，白色部分的面积大。

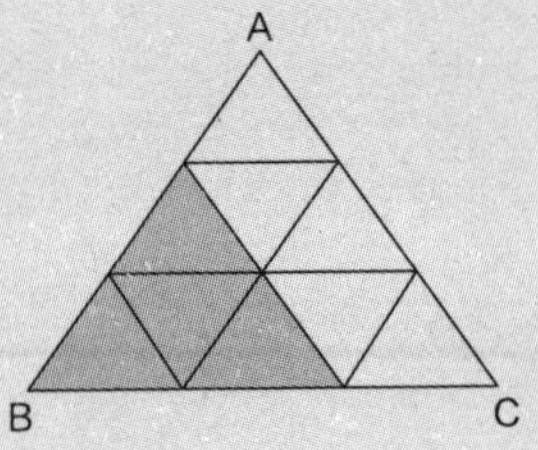

月亮挨的刀

在下图的月亮形图案上切 5 刀，请问最多能切成多少块?

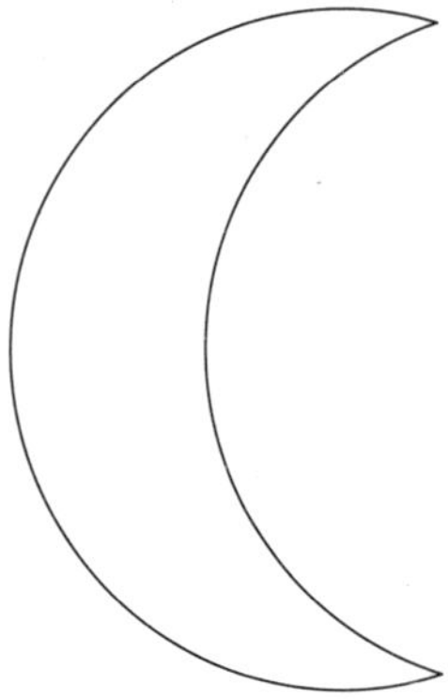

A. 13　　B. 17　　C. 21　　D. 25

答案与解析

答案：C

解析：切法如图所示。

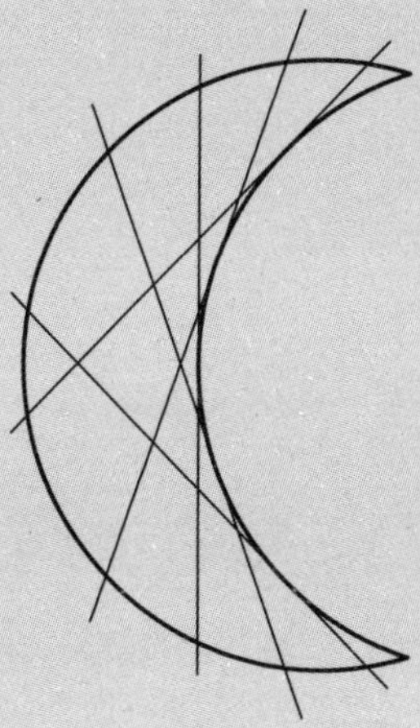

连接正方形

若将下图中任意四个点连接组成一个正方形，请问最多能组成多少个正方形？

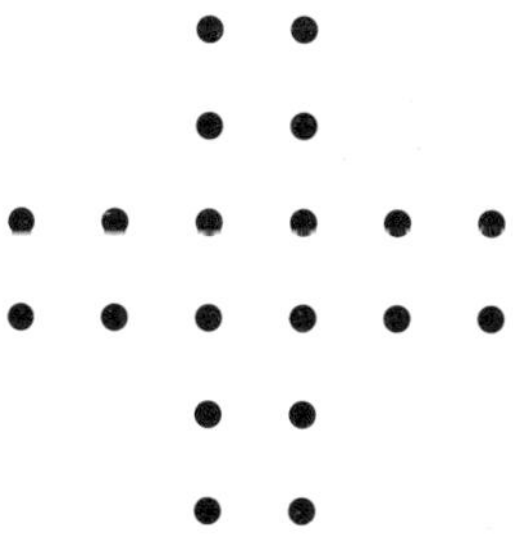

A. 13　　B. 15　　C. 20　　D. 21

答案与解析

答案：D

解析：答案如图所示。

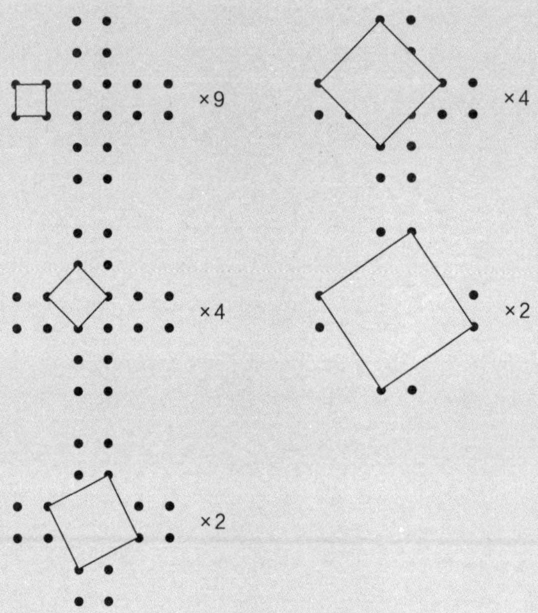

白纸和等边三角形

请问用一张白纸，怎样折出等边三角形？

答案与解析

答案：如图：OA′=OA=2OB，故∠A′OB=60°，所以∠POA=∠AOA′/2=60°。这样OM就等于2OC=OA，再折出AM就行，三角形AOM为等边三角形。

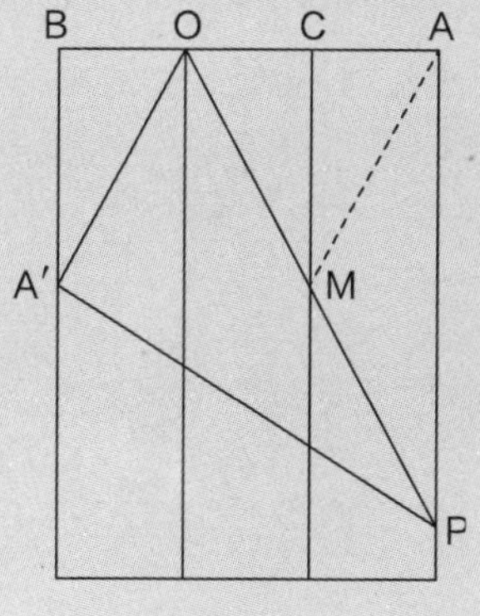

白纸和正六边形

请问用一张白纸，怎样折出正六边形？

答案与解析

答案：对折出垂直和水平的两条中心线，下面折向水平中心线，留下的折痕记作水平四等线。下半部分向上半部分对折。左上角和右上角的两个点向中心折，落在水平四等分线上，折痕即为正六边形的四条边。最上边的中点向左下方折，使其落在水平四等分线上，折痕与上一步得到的六边形的边交叉，得到一个交点，然后向右下方折同上操作，得到另一个交点，沿着这个交点水平折，正六边形的最后两条边也形成了。

示意图如下：

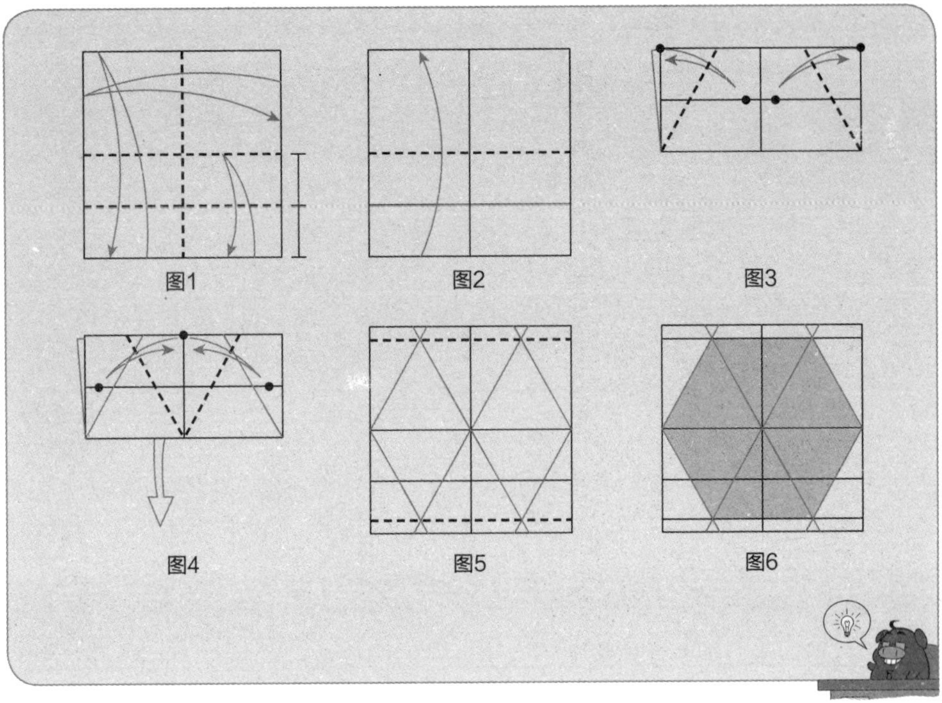

矩形色块图

下图是一块在电脑屏幕上的色块图，它是由九个不同的正方形拼成的矩形，其中最小的正方形的边长是1，请问整个矩形的面积是多少？

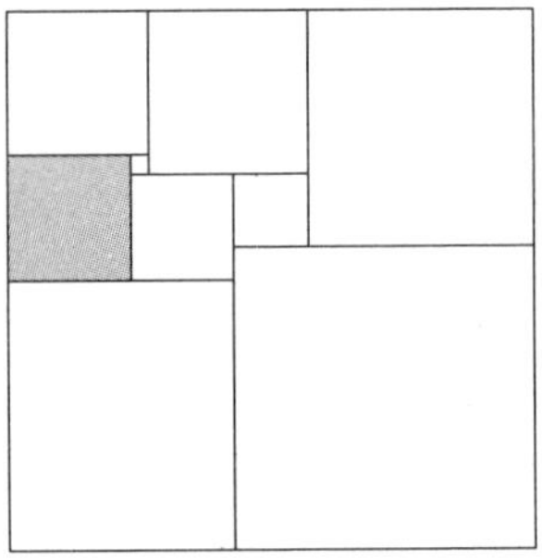

A. 960　　B. 1024

C. 1056　　D. 1089

答案与解析

答案：C

解析：设中间的正方形的边长是 x，根据如图所示的流程可以表示出每一个正方形的面积。

其中，$y_1=(x+3)+1-x=4$，$y_2=(x+11)+4-x=15$；

由矩形对边相等得，$15+x+11=x+2+x+3+x+7$，解之得 $x=7$。

于是矩形的面积为 $S=[(x+7)+(x+11)]\times[15+(x+11)]=32\times33=1056$。

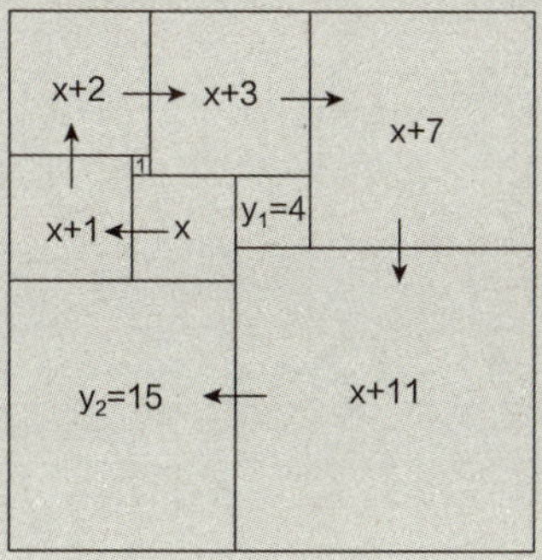

滚动的扇形

下图是一个四分之一圆的扇形，当它从 1 滚动到 2 的位置上时，请问 P 点的移动路线是怎样的？

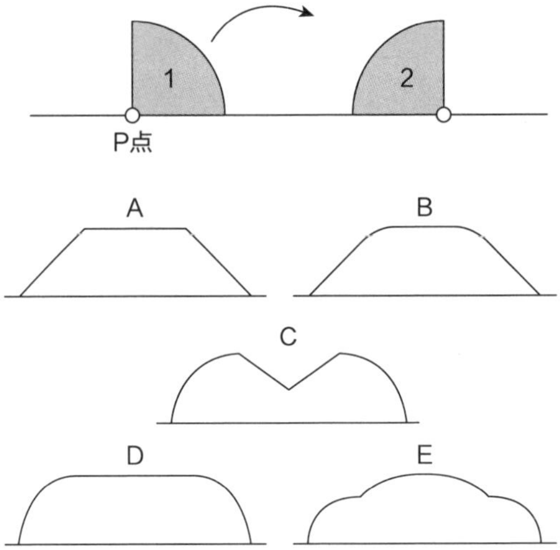

A. 图形 A　　B. 图形 B　　C. 图形 C　　D. 图形 D　　E. 图形 E

答案与解析

答案：D

解析：易知 P 点到直线的距离保持为扇形的半径，因此会变成两侧以圆周、中间部分以直线连接起来的轨道。

正方体的角

请问将一个正方体去掉一个角后，还剩几个角？

答案与解析

答案：还剩 7、8、9 或 10 个角

解析：如图所示，一共有四种情况。

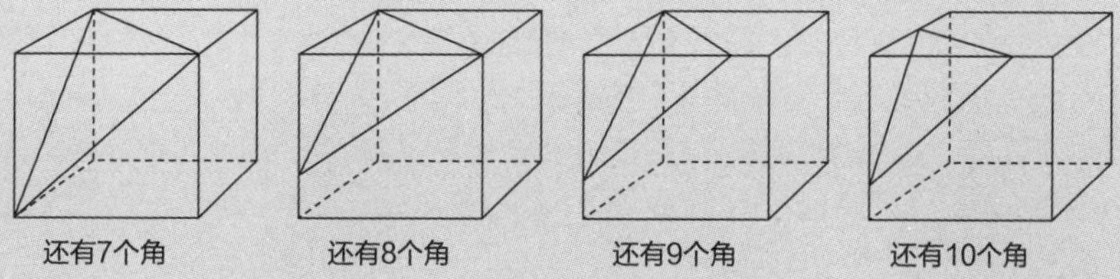

字母折纸

下图由一张两面颜色不同的纸折叠而成。已知这张纸原来的形状是个字母，请问这有可能是个什么字母？

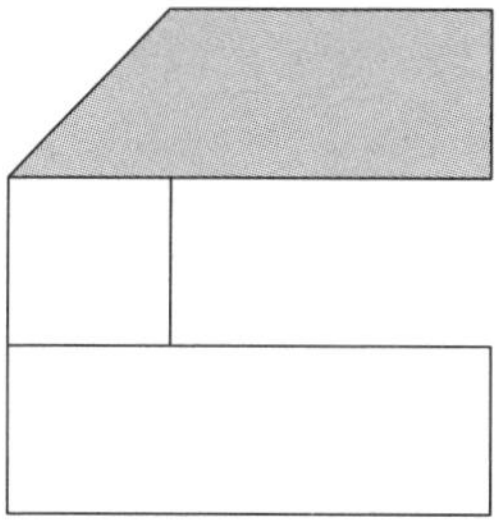

答案与解析

答案：F 或者 L。

解析：F 解释如下：

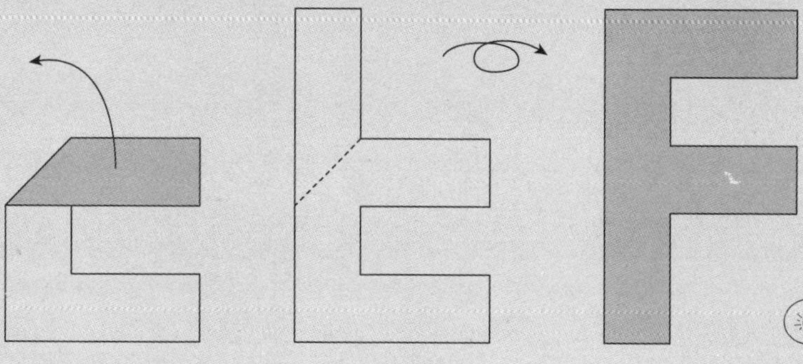

Part 8

巧移火柴

生活中的数学趣题，往往不需要涉及较深的数学知识，却要求有较强的思维能力。例如，利用生活中常见的火柴棒就能创造出许多有趣又机智的问题。经典的巧移火柴题包括两个方向：一是移动火柴使等式两边成立，二是移动特定步数拼成特定图形。巧移火柴作为一款非常传统的益智游戏，虽然简单但很考验人们的思维灵活性，不仅可以锻炼我们动手操作的实践能力，还能激发我们探索图形变换的好奇心。

四个单位

如图，摆放着 12 根火柴，其面积为 3×3=9。现在请将其重新排序，请问你能不能组成一个面积为 4 的新图形？要怎么做（不能交叉、重叠摆放，不能摆成立体的）？

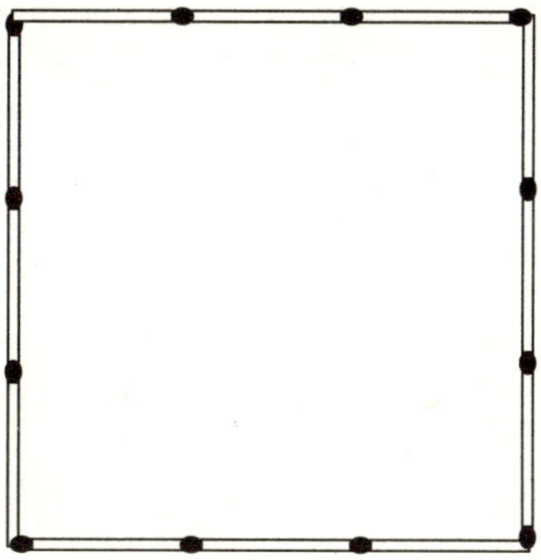

答案与解析

答案：重新组成一个面积为 4 的新图形是可行的。

先把火柴摆成一个三角形，那么面积就是 6，接着把虚线上的 3 根火柴换一下位置，就会去掉两个单位的面积。这样，面积就正好是 4。

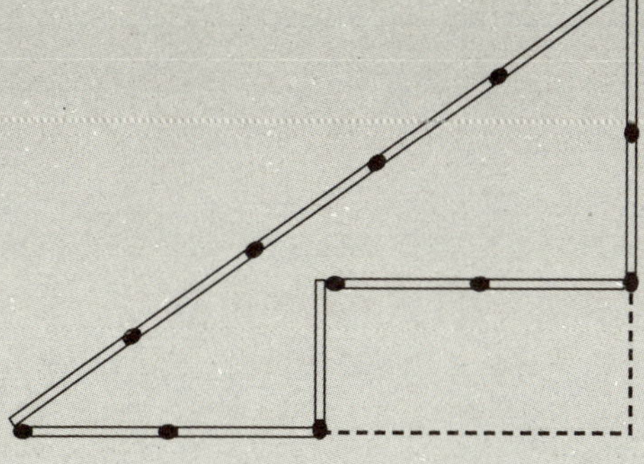

不正确等式

在不移动任何火柴的情况下，你能把原图变成正确等式吗？

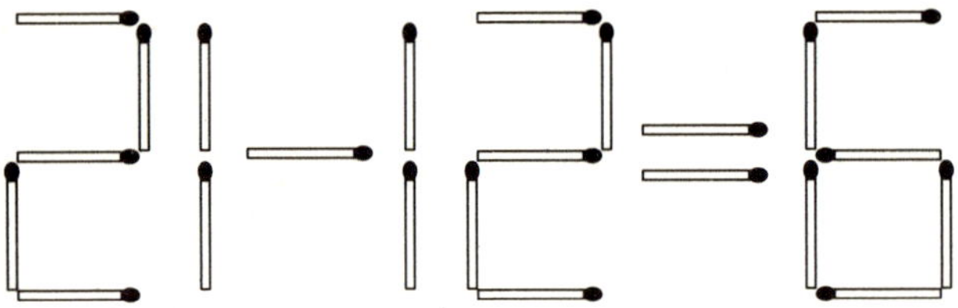

A. 能　　　　　　　　　　　　B. 不能

答案与解析

答案：A

解析：可以做到，只要把图形倒过来看就行了。

很小很小的数

用 4 根火柴拼成最小的数是几？

答案与解析

答案：没有比 −111 更小的数了。

很大很大的数

这是 8 根火柴摆成的两个方形。现在需要你移动 2 根火柴，组成一个尽可能大的数。这个数能够有多大呢？

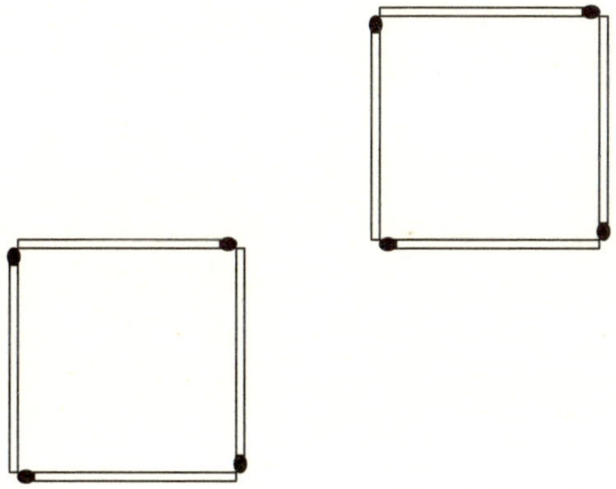

A. 这个数小于 1000　　B. 这个数小于 10000

C. 这个数小于 10000000　　D. 比上述 3 个选项都大得多

答案与解析

答案：D

解析：在下面方形中拿掉两根火柴放在上面的方形左边，可以摆成 11 的 110 次方，这个数远超过 A、B、C 三个选项中的数。

酒杯里的橄榄

想让酒杯里的橄榄在杯子外面，最少要移动多少根火柴（杯子可以朝任何方向，但是橄榄不能动）？

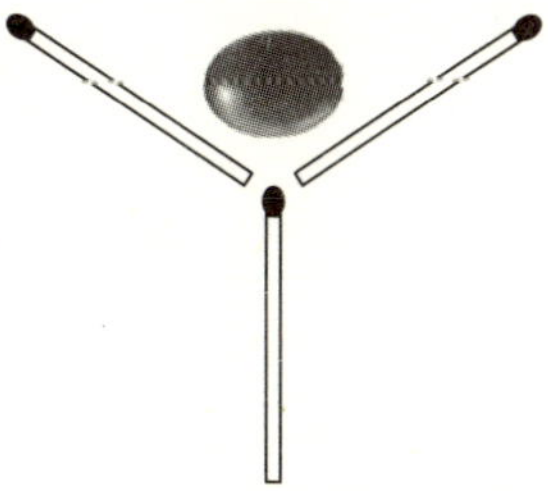

A. 0　　B. 1　　C. 2　　D. 3

答案与解析

答案：A

解析：把图倒过来就行了。

千分之一

几根火柴棒被摆成了“100M”的字样。如果要把它的长度变成原来的千分之一，那么最少应该去掉几根火柴？

A. 1　　B. 2　　C. 3　　D. 4

答案与解析

答案：A

解析：“100M”的千分之一就是“10CM”，把个位零的右边竖着的火柴扔掉就好了，如下图。

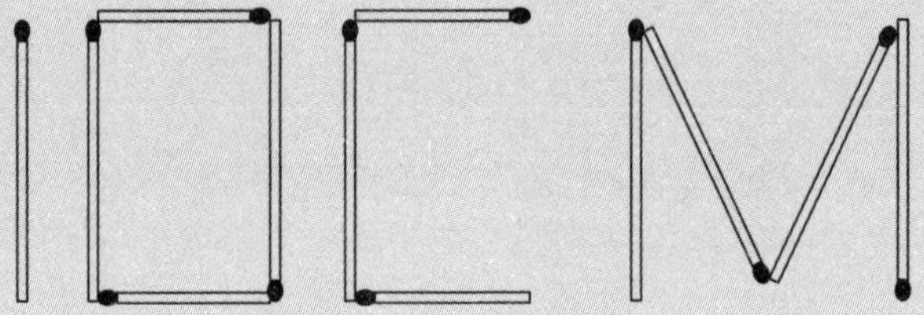

一样的正方形

下图是用 24 根火柴摆成的两个正方形，如果要把它变成两个完全相同的正方形，至少需要移动几根火柴？

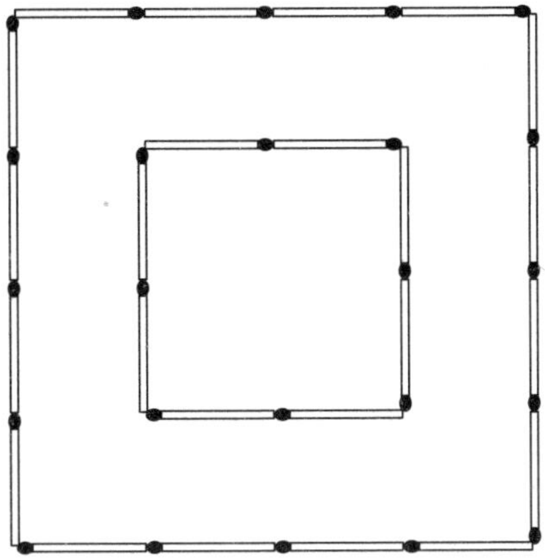

A. 3　　B. 4　　C. 5　　D. 6　　E. 7

答案与解析

答案：B

解析：移动角上的 4 根即可。

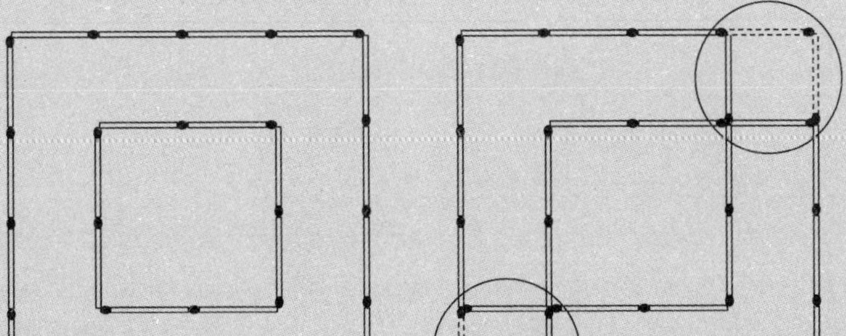

5+3=8

至少移动几根火柴可使等式仍然成立？

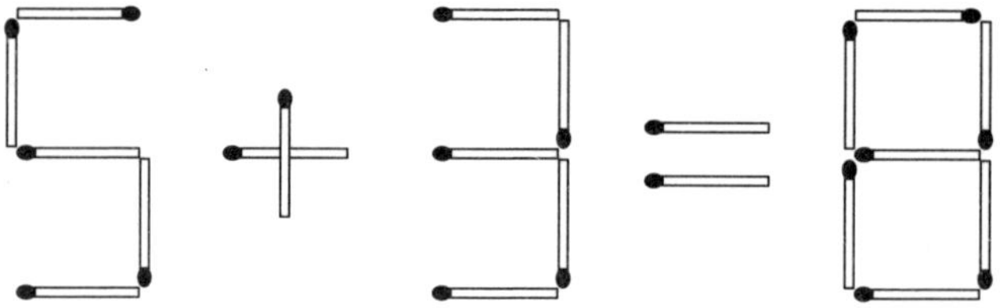

A. 1　　　　B. 2　　　　C. 3

答案与解析

答案：A

解析：如图所示，移动 1 根，还是一个等式。

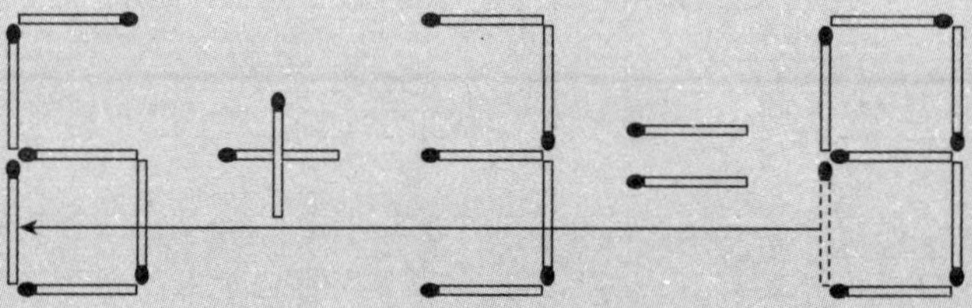

6+7=1+9

至少需要移动几根火柴，才能使下面的等式成立？

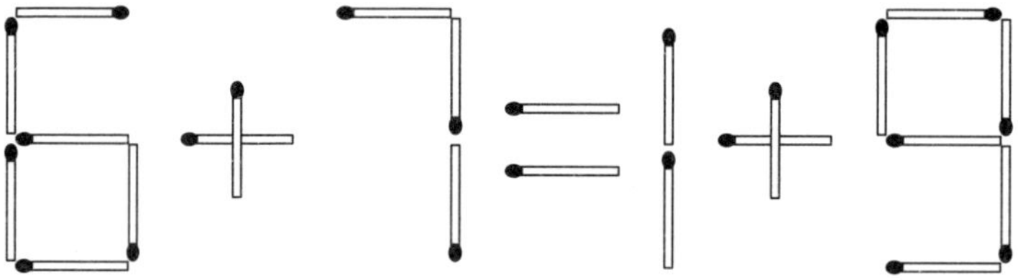

A. 2　　B. 3　　C. 4　　D. 5　　E. 其他

答案与解析

答案：A

解析：移动2根火柴即可，“=”左边“+”变成“-”，6变为8；“=”右边9变为0。

还有其他类似的方法都是可以的，这里就不一一赘述了。

8+1=9+9

至少需要移动几根火柴，才能使下面的等式成立？

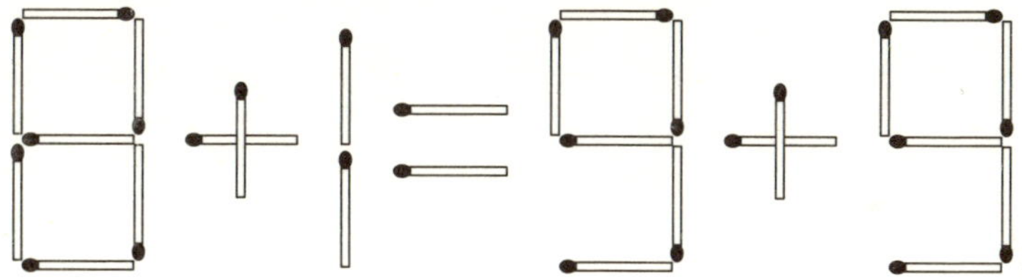

A. 1　　B. 2　　C. 3　　D. 其他

答案与解析

答案：A

解析：移动1根即可，把其中一个9变成0。

一层小楼

下图是一座用火柴搭成的一层建筑物，请问最少需要动几根火柴才能让它变成两层建筑物？

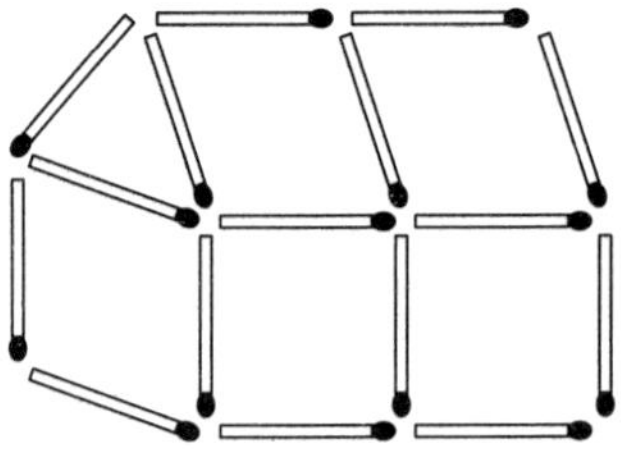

A. 0　　B. 1　　C. 2　　D. 3

答案与解析

答案：A

解析：0根，只需要旋转即可。

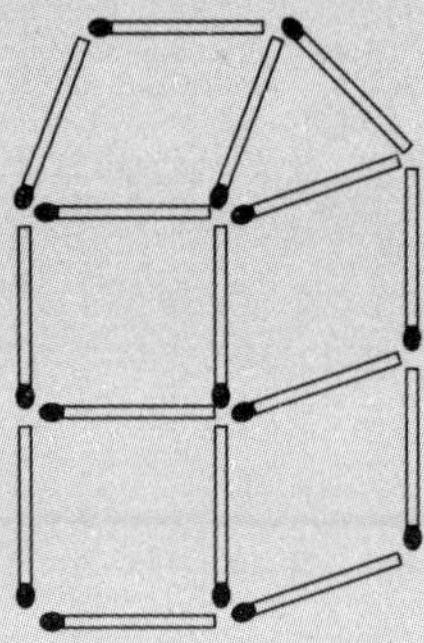

转向的长颈鹿

下图是一只用5根火柴组成的长颈鹿，如果想要让长颈鹿的形状不变，但头朝另一边，至少需要移动几根火柴？

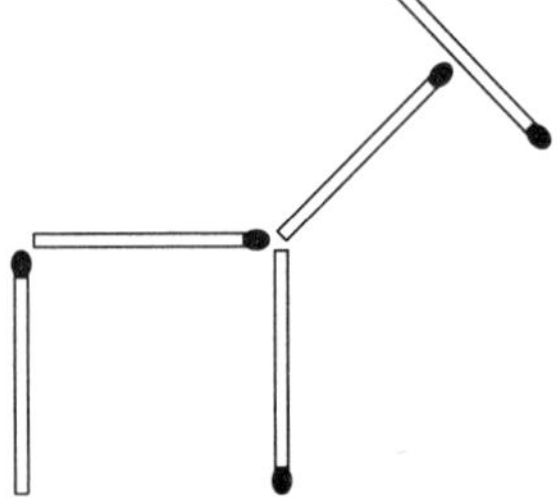

A. 1　　　　B. 2　　　　C. 3　　　　D. 4

答案与解析

答案：A

解析：参考答案如图，移动方法不唯一。

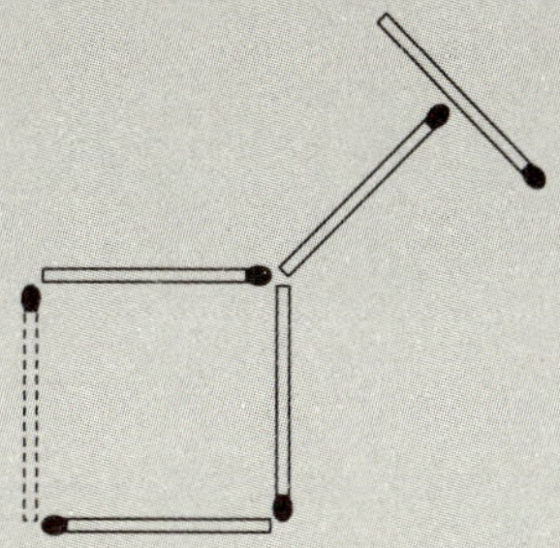

消失的正方形

下图是由火柴组成的 7 个正方形。现在要把这 7 个正方形变成只有 5 个正方形且不存在其他类型的图形，则至少要移动（不能拿走）几根火柴？

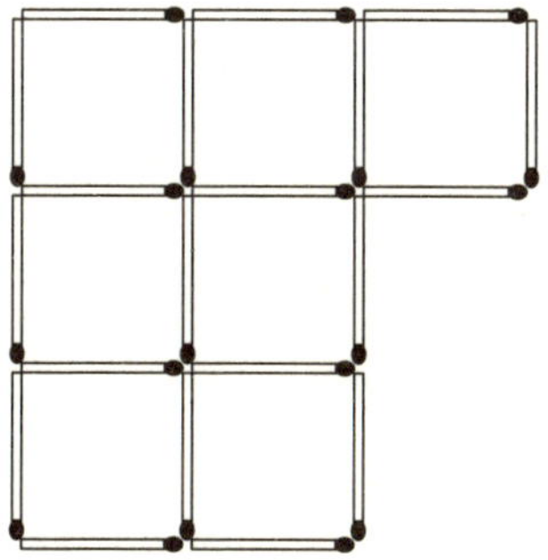

A. 1　　　　B. 3　　　　C. 4　　　　D. 6

答案与解析

答案：B

解析：题面一共有20根火柴，要搭成5个正方形，每个正方形配4根，正好用作4条边。因此，在新搭成的图形中，各个正方形之间不能有公共边，否则就会多出几根火柴用不上。根据这样的思路，就要在原来的图形中“破坏”各个正方形之间的相邻关系。于是，其中的一种解答如下图所示。

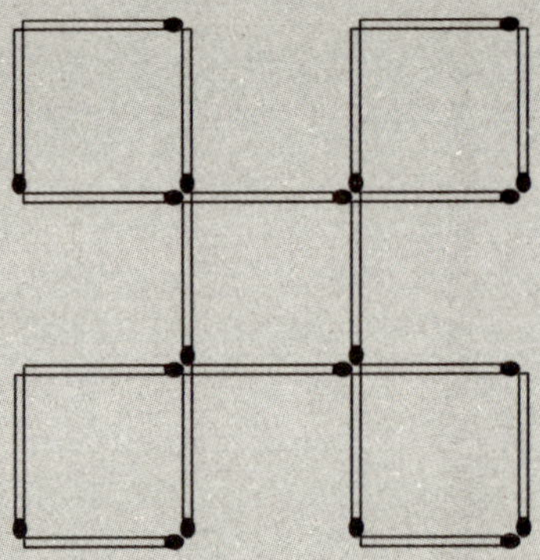

无依无靠的正方形

至少需要移动几根火柴，才能使下面这个“井”字形图案变成三个没有公共边的正方形？

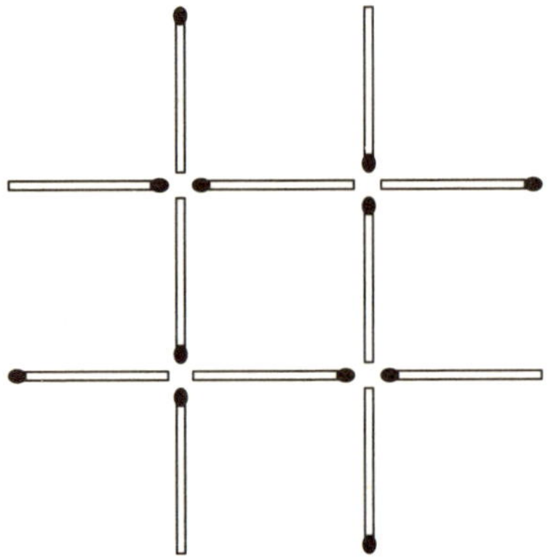

A. 2　　B. 3　　C. 4　　D. 5

答案与解析

答案：B

解析：如下图所示移动 3 根火柴。

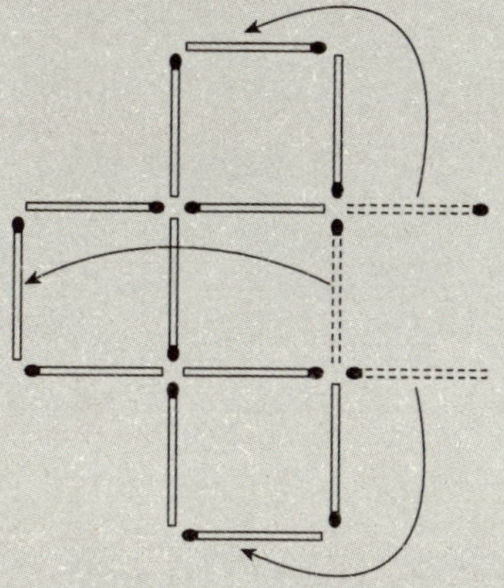

多出的三角形①

下图是由 8 根火柴组成的一个正方形和一个菱形。请问至少需要移动几根火柴，才能在图中创造一个菱形、正方形和等边三角形？（不允许重叠火柴或者伤害它们）

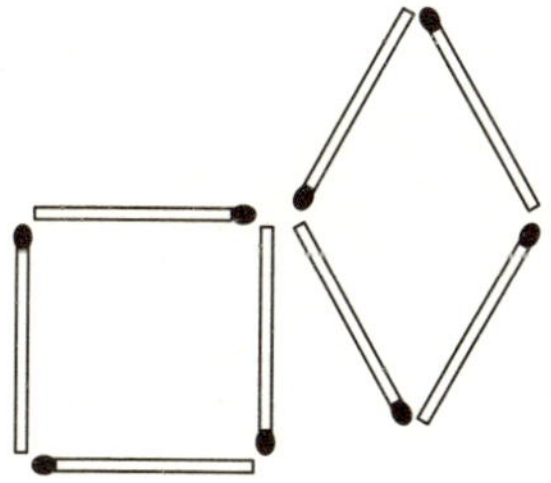

A. 2　　B. 3　　C. 4　　D. 5

答案与解析

答案：B

解析：答案如图所示。

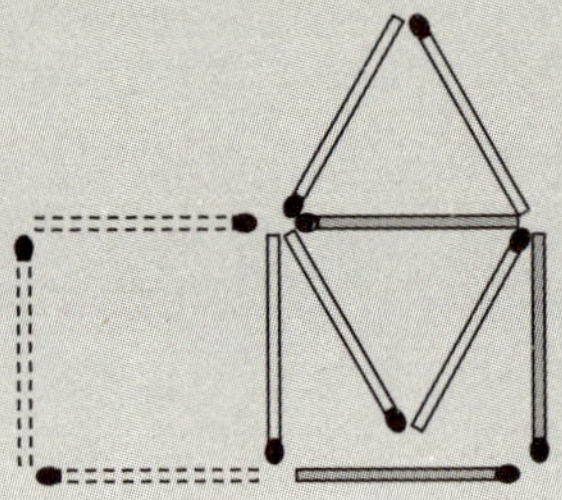

多出的三角形②

下图有 7 个等边三角形，请问至少需要移动几根火柴，才能让下图出现 8 个等边三角形？

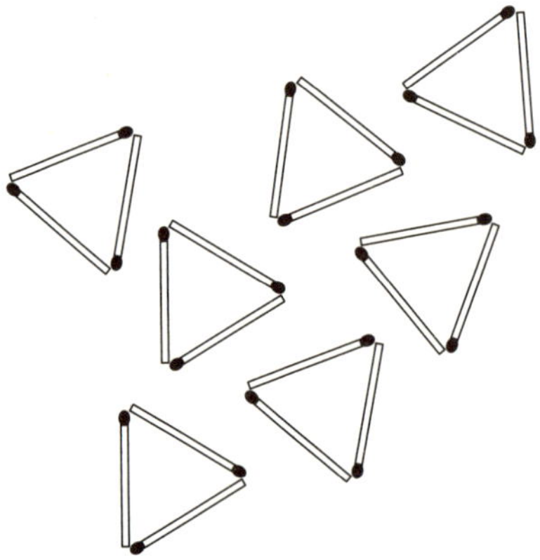

A. 1　　B. 2　　C. 3　　D. 4

答案与解析

答案：C

解析：答案如图所示。

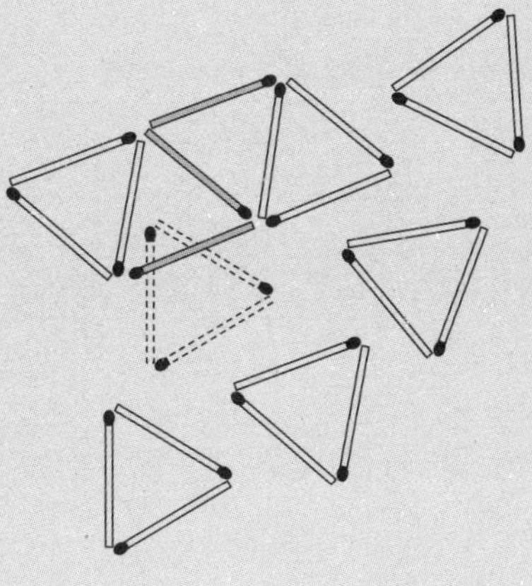

火柴金字塔

下图分别是由10根火柴排成的正立、倒立金字塔。至少需要移动几根火柴，才能使左边的金字塔变成右边倒立的金字塔？

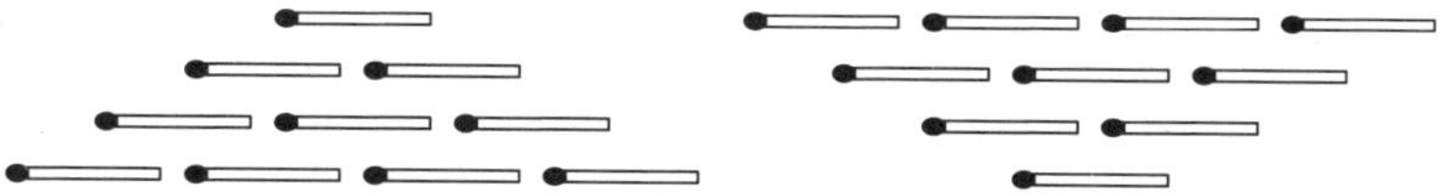

A. 0　　B. 1　　C. 2　　D. 3

答案与解析

答案：D

解析：答案见下图，虚线表示移动的火柴。

1+9=8+8

至少需要移动几根火柴，才能使下面的等式成立？如何移动？

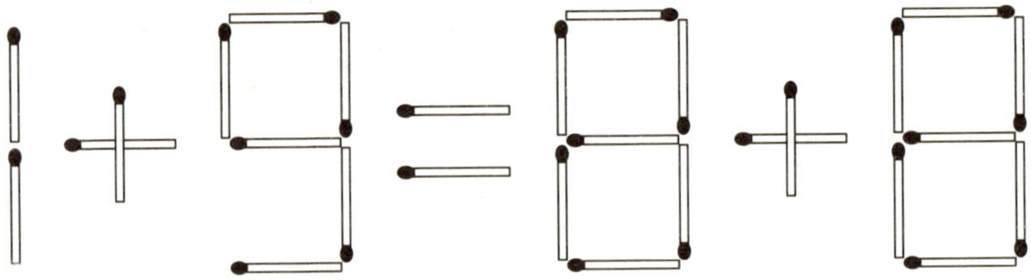

A. 1　　　　B. 2　　　　C. 3

答案与解析

答案：A

解析：1 根，−1+9=0+8。

2+7=1+3

最少移动几根火柴可使等号两边成立？

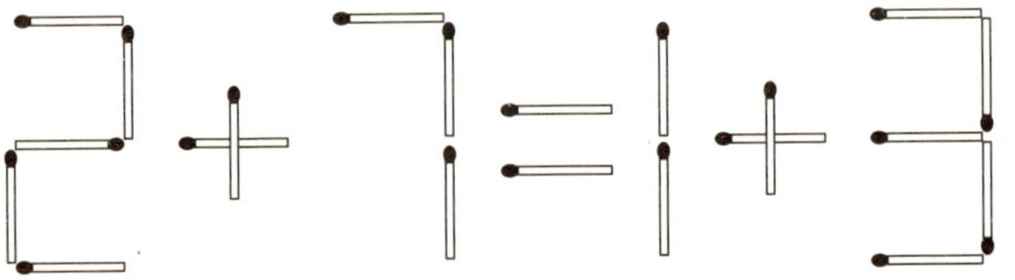

A. 1　　　　B. 2　　　　C. 3　　　　D. 4

答案与解析

答案：B

解析：只需移动 2 根，变成 −2+7=1+4。

8+7=18

至少需要移动几根火柴，才能使下面的等式成立？

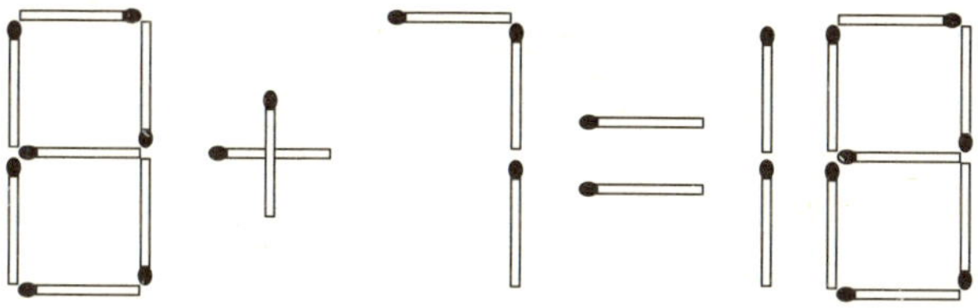

A. 1　　B. 2　　C. 3　　D. 4　　E. 5

答案与解析

答案：B

解析：如图将两根火柴拼成加号，式子就成立了。

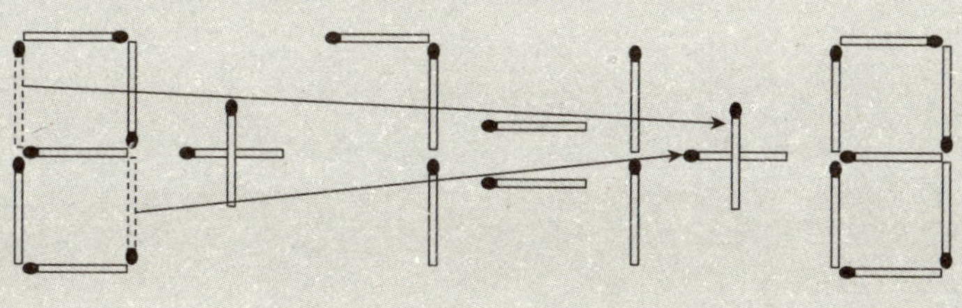

8-6=1

至少需要移动几根火柴，才能使下面的等式成立？

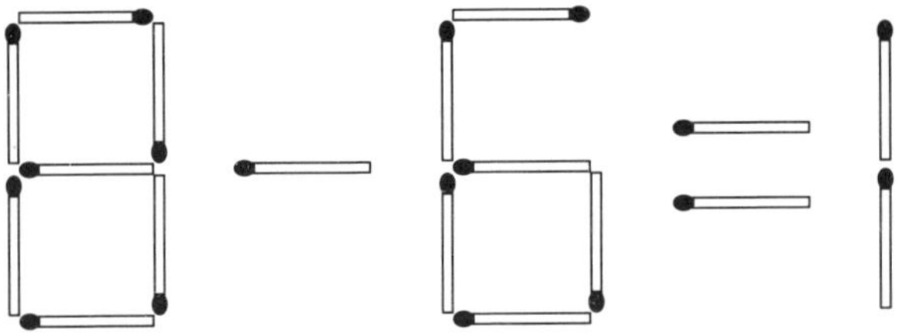

A. 0　　B. 1　　C. 2　　D. 3

答案与解析

答案：A

解析：不需移动火柴重组（即移动火柴为 0 根），只需将其整体旋转 180° 即可完成，具体见下图。

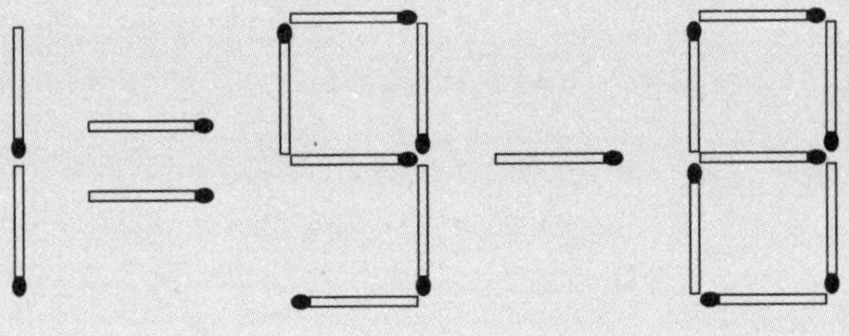

3-3=8+8

至少需要移动几根火柴，才能使下面的等式成立？

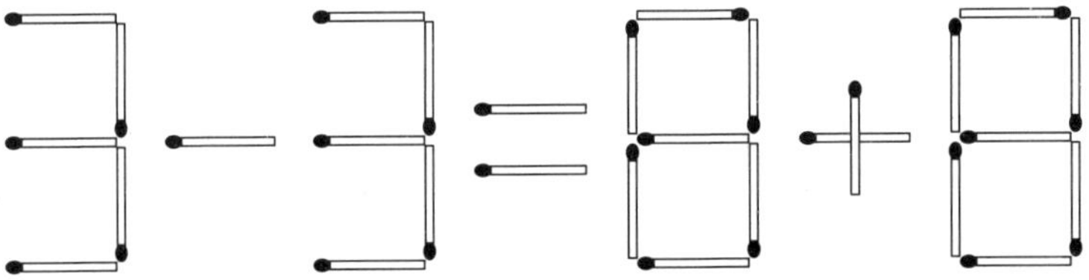

A. 1　　B. 2　　C. 3　　D. 4

答案与解析

答案：B

解析：移动两根，如图。

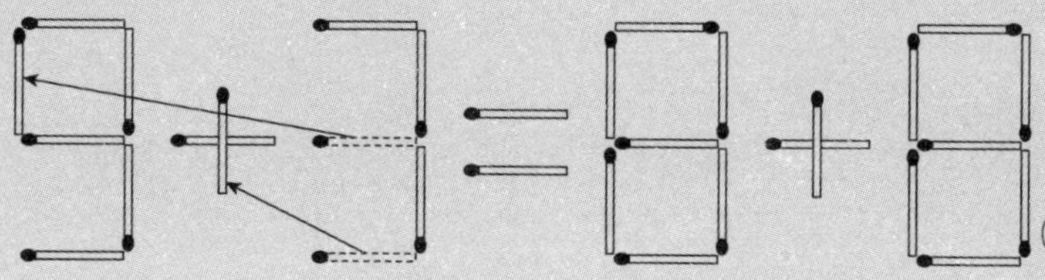

74-4=4

至少需要移动几根火柴，才能使下面的等式成立？

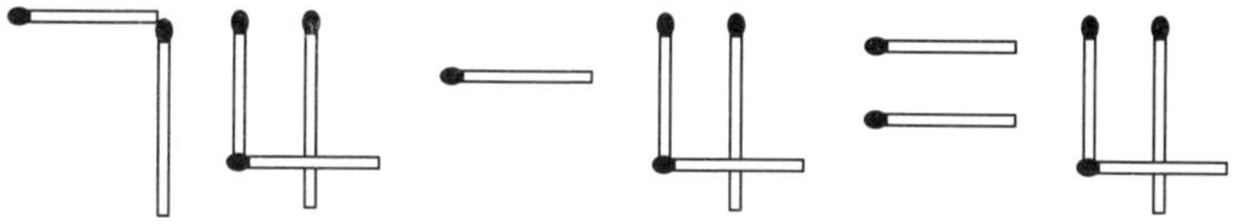

A. 0　　B. 1　　C. 2　　D. 3

答案与解析

答案：B

解析：只需要移动一根火柴，改成“7+1-4=4”就行了。

5 × 12=33+27

下图是由长度完全相同的火柴拼成的一个等式，请问至少需要移动几根火柴（必须移动火柴），才能使这个等式仍然成立且值与原等式相同？

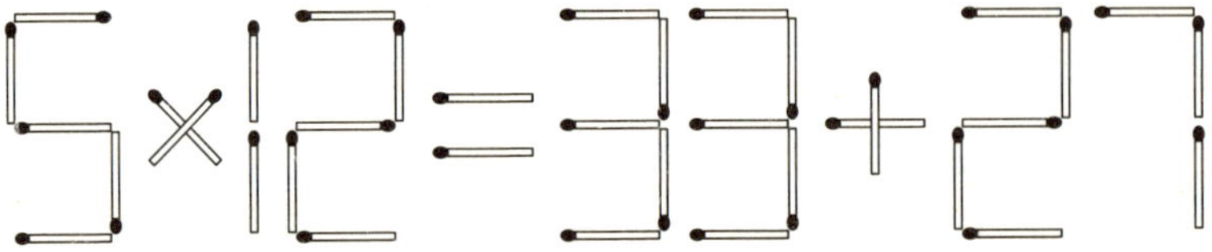

A. 1　　B. 2　　C. 3　　D. 4

答案与解析

答案：A

解析：只需要移动一根。如图，将最右组成“7”横线的火柴移至虚线处。

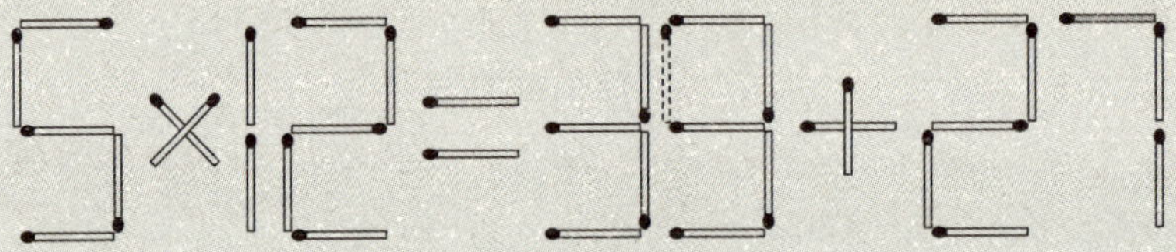

9×928=61

至少需要移动几根火柴，才能使下面的等式成立？

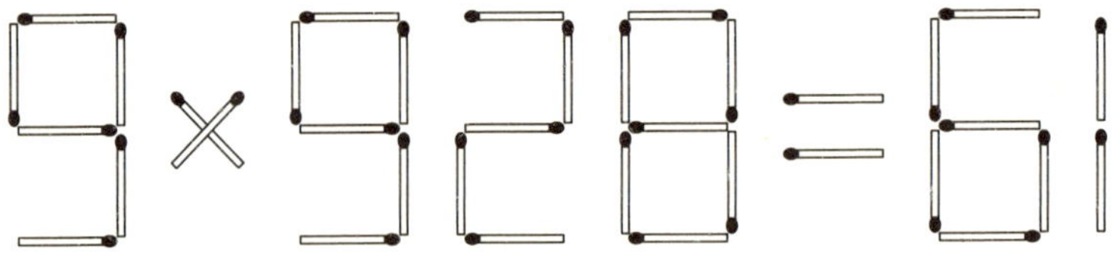

A. 1　　B. 2　　C. 3　　D. 5　　E. 6

答案与解析

答案：A

解析：如图，只要移动 1 根火柴，就可以得出 9×9-20=61。

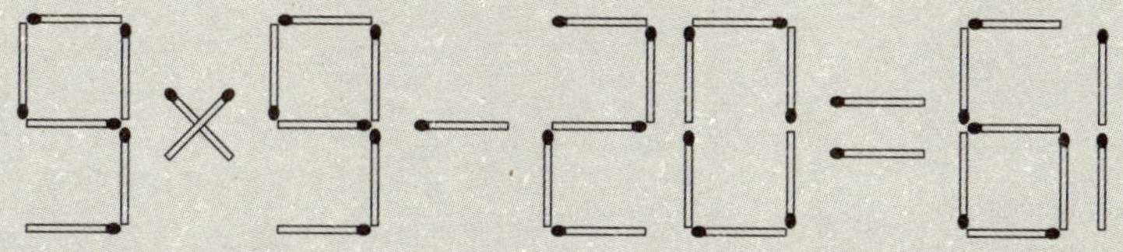

罗马数字 9

三根火柴组成了一个罗马数字 9（写法是 IX），请问再加一根火柴，能使其变成的最大偶数是几？

A. 8　　B. 10　　C. 50　　D. 60

答案与解析

答案：D

解析：罗马数字里 LX 表示 60。

几个正方形

下图是 12 根长度相同的火柴。在不折断火柴的情况下，最多可以组成几个正方形？

A. 60　　B. 55　　C. 49　　D. 45

答案与解析

答案：B

解析：如图排列，可以组成55个正方形。

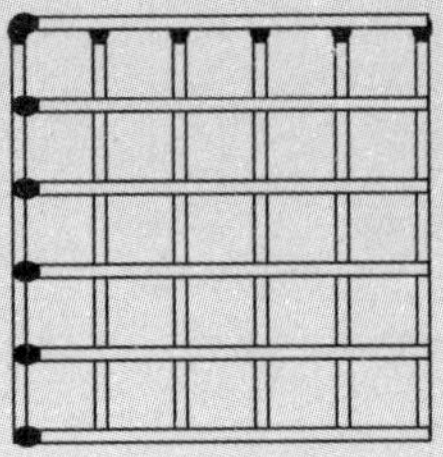

增加正方形

至少需要移动几根火柴，才能使下图的正方形增加一个？

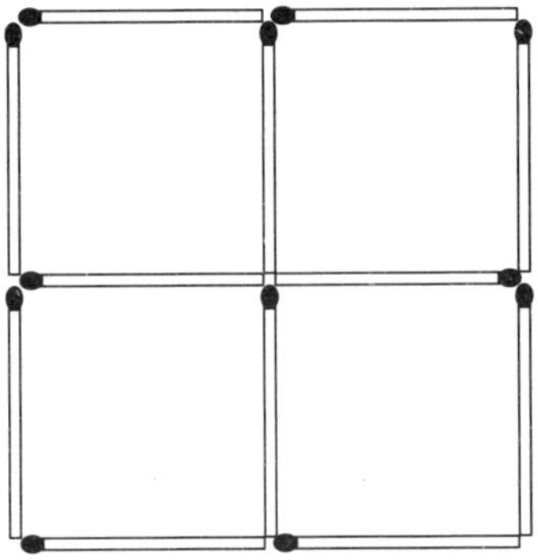

A. 1　　B. 2　　C. 3　　D. 4

答案与解析

答案：A

解析：把中心下面的那根火柴倒过来中央即出现了一个正方形。

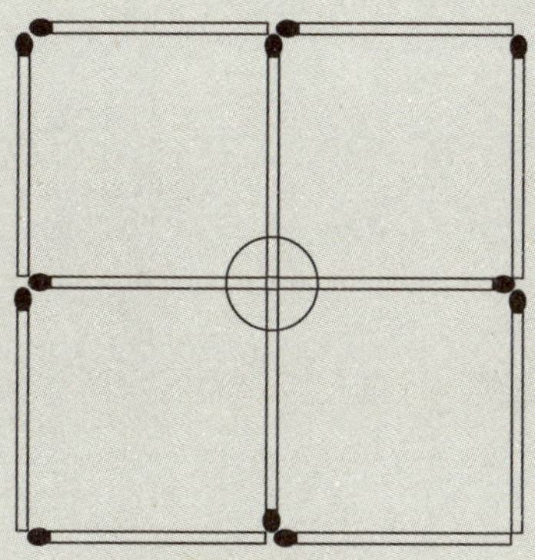

（注意火柴头是圆形，火柴棍是矩形）

两个井

下图是由 16 根火柴棒排成的一个“井”字。请问至少需要移动几根火柴，才能使它恰好（没有剩余火柴）变成两个同样大小的“口”？

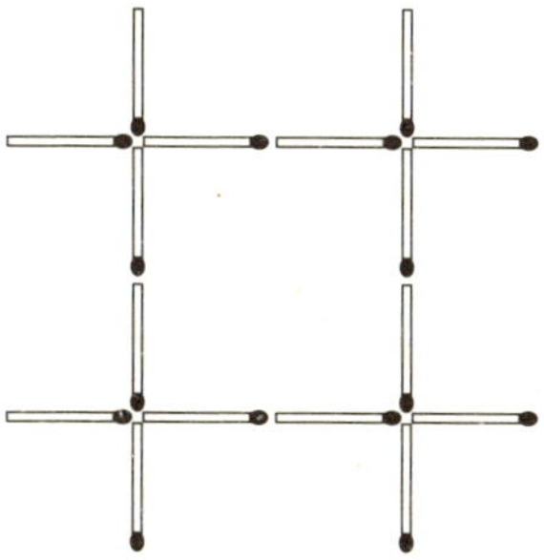

A. 2　　B. 3　　C. 4　　D. 5　　E. 6

答案与解析

答案：E

解析：由简单的计算可知，16=（4×2）×2，因而可用 16 根火柴排成两个边长为 2 的正方形。

原图“井”字的中间已经有一个边长为 2 的正方形，故只需移动“井”

字四角的 8 根火柴，使它们也组成一个边长为 2 的正方形。

但是看题目选项，要求只移动 6 根以内的火柴，所以应该保留“井”字的一角不动，将其他三个角上的火柴移过来，得到下图所示的答案。

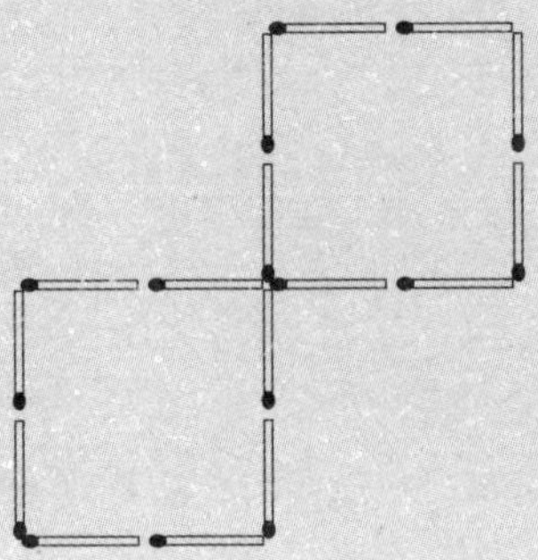

6 个正方形

下图是由 16 根火柴棒组成的 5 个一样大小的正方形，请问至少需要移动几根火柴，才能使图中出现 6 个一样大小的正方形？

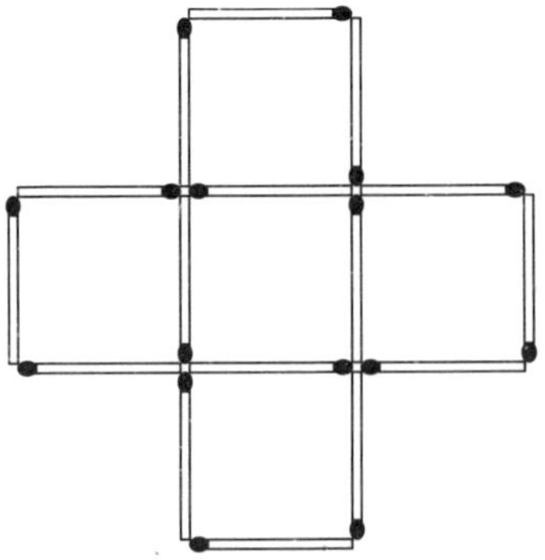

A. 2　　B. 3　　C. 4　　D. 5

答案与解析

答案：B

解析：只需移动3根就可以了。

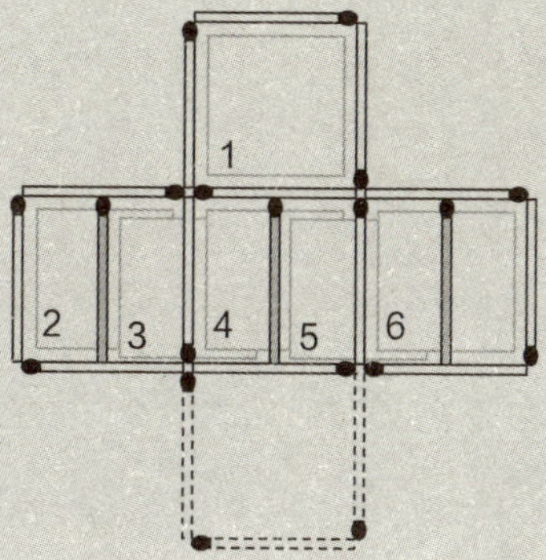

变形的圣诞树

图中所示是由3个等边三角形组成的圣诞树。请问至少需要移动几根火柴，才能得到4个等边三角形？

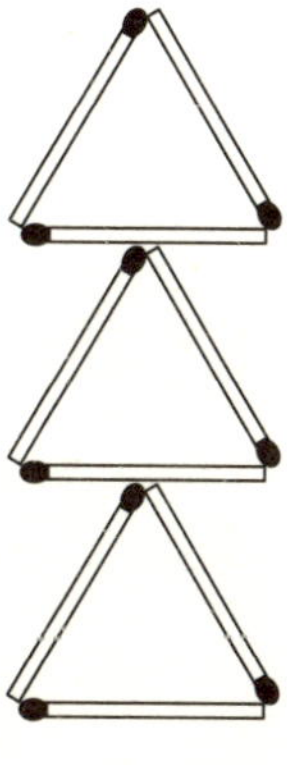

A. 1　　B. 2　　C. 3　　D. 4

答案与解析

答案：A

解析：图中展示的是解决方案之一。

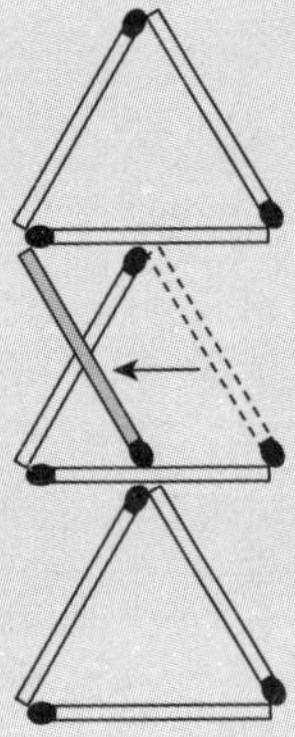

只有三角形

下图是由火柴棒组成的10个三角形，请问至少需要拿走几根火柴，才能使下图只剩下4个三角形（没有其他图形）？

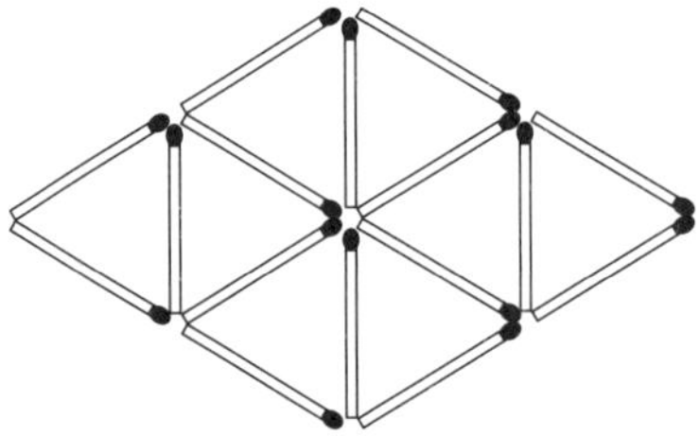

A. 1　　B. 2　　C. 3　　D. 4　　E. 5

答案与解析

答案：D

解析：拿走4根火柴即可。

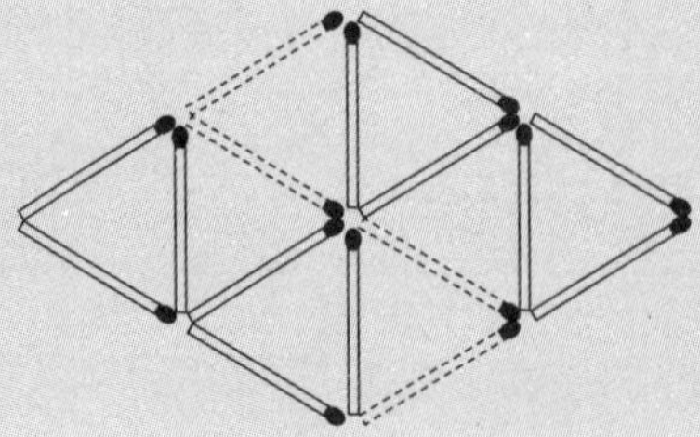

没有正方形

如图共有40根火柴，请问至少需要移动几根火柴，才能使图中完全没有正方形？

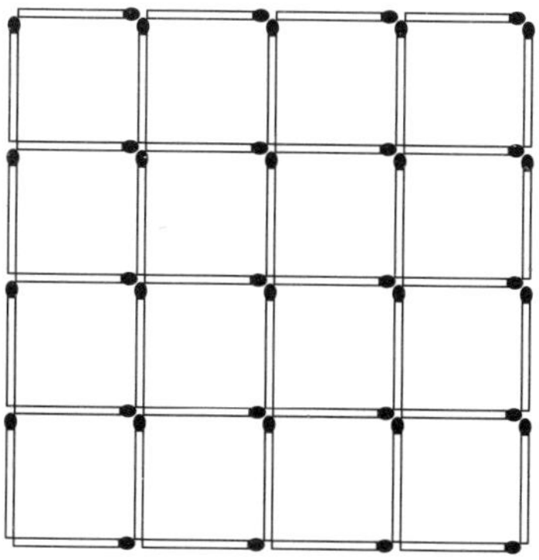

A. 5　　B. 7　　C. 9　　D. 11

答案与解析

答案：C

解析：将9根火柴棒去除，我们就得到一个完全没有正方形的图片。

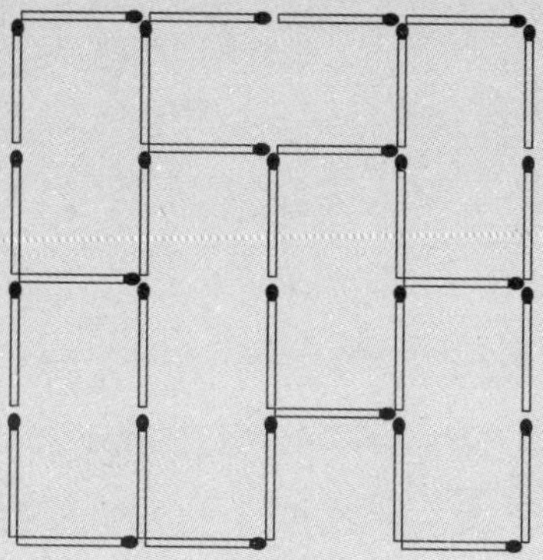

两个陀螺

请问至少需要移动几根火柴，才能使下图中的“陀螺”变成两个？怎么做？

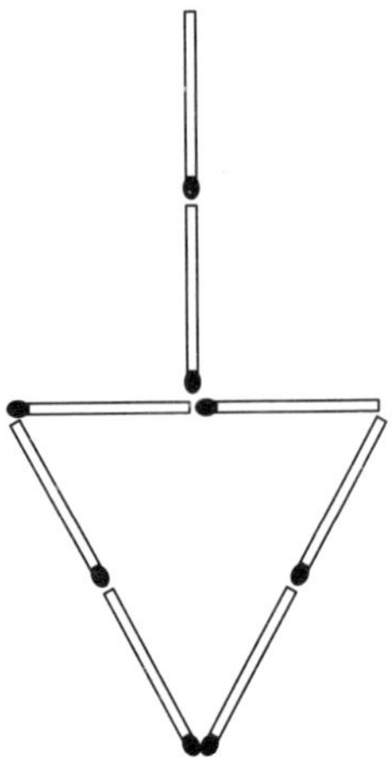

A. 1　　B. 2　　C. 3　　D. 4

答案与解析

答案：D

解析：如图所示，需要移动4根。

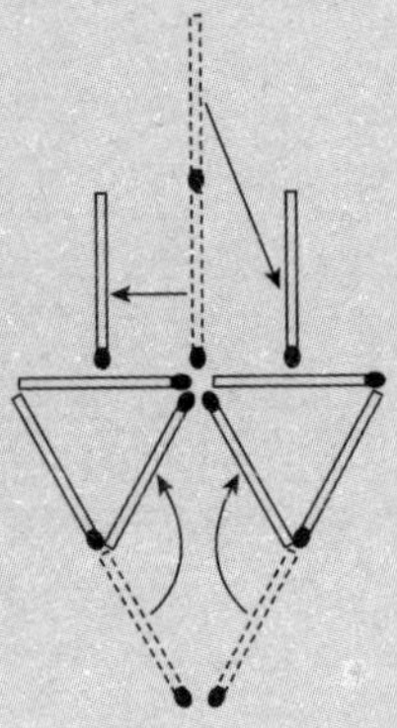

2+5=1+9

至少需要移动几根火柴，才能使下面的等式成立？

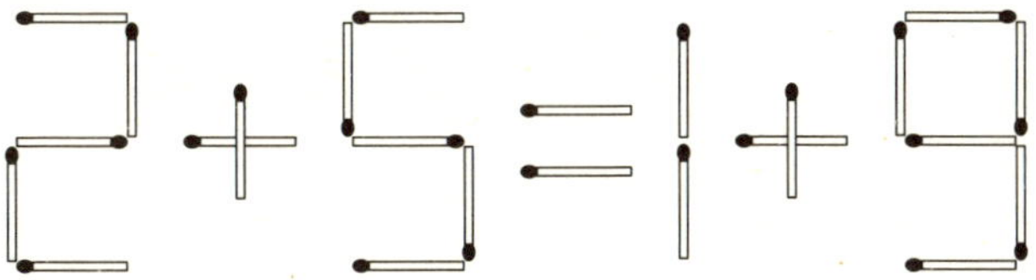

A. 1　　B. 2　　C. 3　　D. 4

E. 以上答案均不正确

答案与解析

答案：E

解析：把图片颠倒过来，式子就成立了。

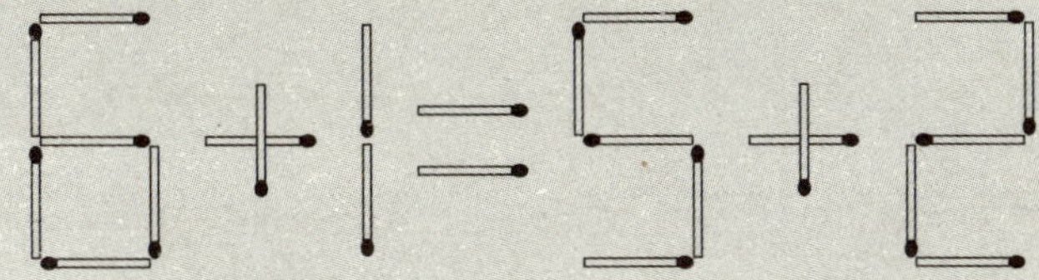

15+6=90

至少需要移动几根火柴，才能使下面的等式成立？

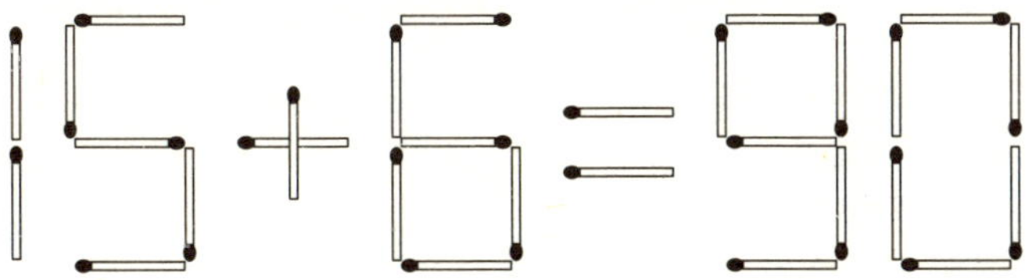

A. 0　　B. 1　　C. 2　　D. 3　　E. 4

答案与解析

答案：B

解析：15−6=9−0

7×19=113

至少需要移动几根火柴，才能使下面的等式成立？

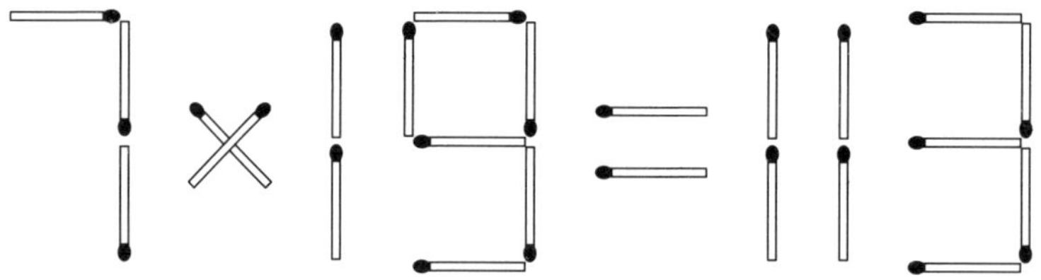

A. 0　　B. 1　　C. 2　　D. 3

答案与解析

答案：C

解析：如图所示，移动 3 和 9 上的火柴。

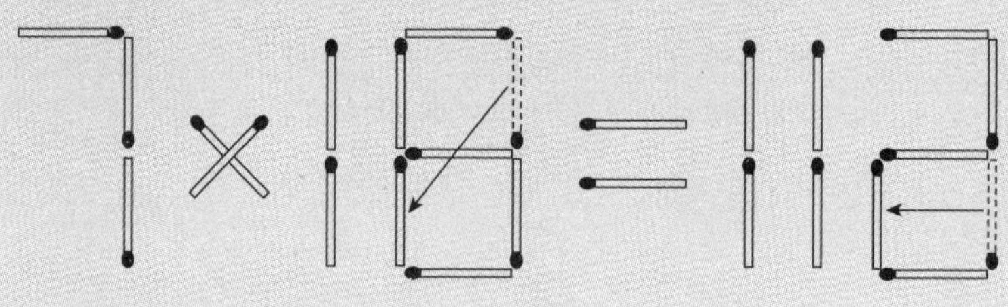

得到 7×16=112；

或者移动 7 和 9 上的火柴，得到 1×113=113。

325×325=19125

至少需要移动几根火柴，才能使下面的等式成立？

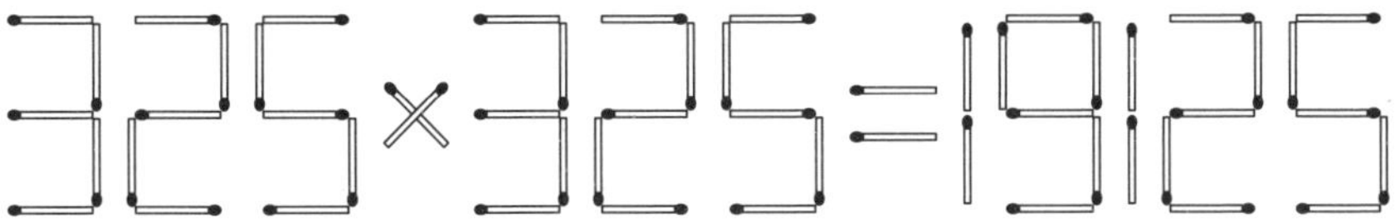

A. 1　　　　B. 2　　　　C. 3　　　　D. 4

答案与解析

答案：B

解析：移动两根火柴棒就可以了。

等式左边，原“3”虚线处往左移，3 变成 2；

等式右边，原“9”虚线处往左移，9 变成 3，左侧 1 变成 7（组成上端横线）。

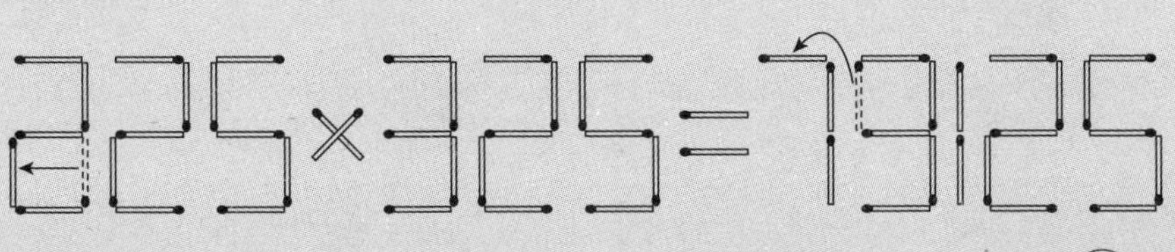

1-3=2

下图是由火柴组成的式子（1-3=2），请问至少需要移动几根火柴，才能使等式成立？

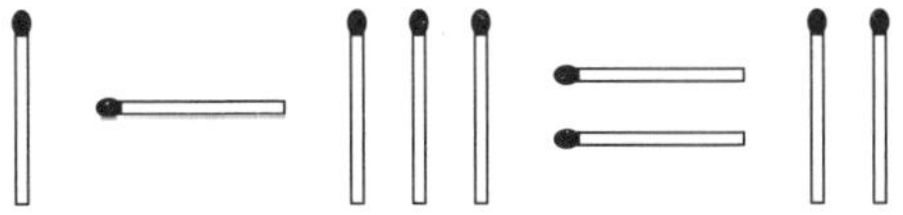

A. 0　　B. 1　　C. 2　　D. 4

答案与解析

答案：A

解析：你试着把等式倒过来，就能得到：2=3−1。

7−2=2

至少需要移动几根火柴，才能使下面的等式成立？

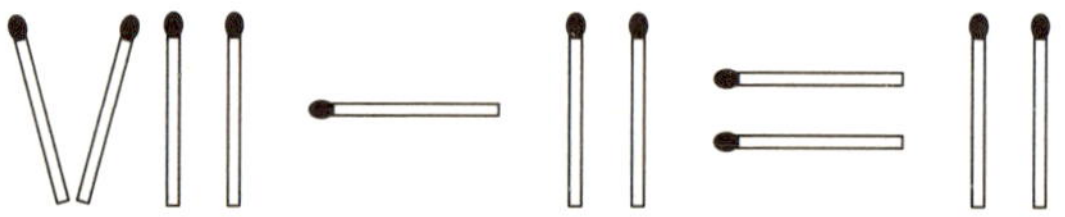

A. 0　　B. 1　　C. 2　　D. 3　　E. 4

答案与解析

答案：C

解析：移动 2 根火柴，如图：

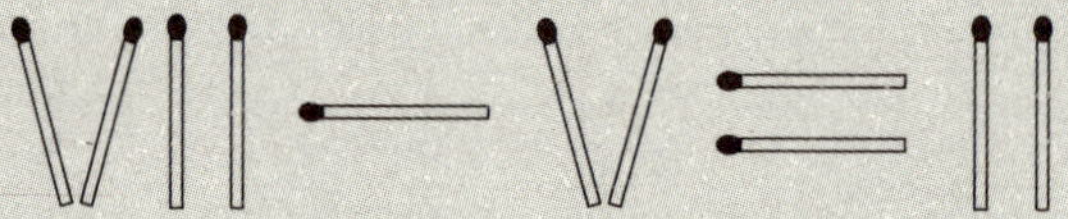

1+10=9

至少需要移动几根火柴，才能使下面的等式成立？

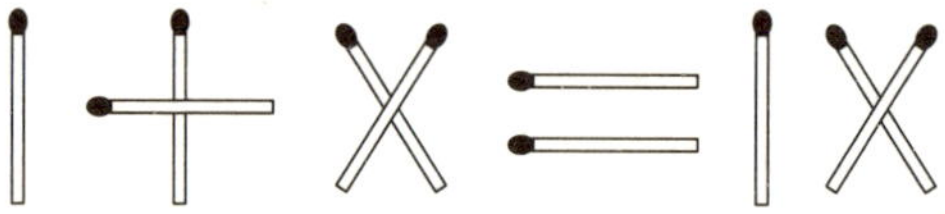

A. 0　　B. 1　　C. 2　　D. 3

答案与解析

答案：A

解析：一根也不用，倒过来看即是Ⅺ＝Ⅹ＋Ⅰ（11=10+1），而不是移动一根变为Ⅰ＋Ⅸ＝Ⅹ。

蝙蝠朝哪飞

请问至少需要移动几根火柴，才能让图中的蝙蝠换个方向飞？

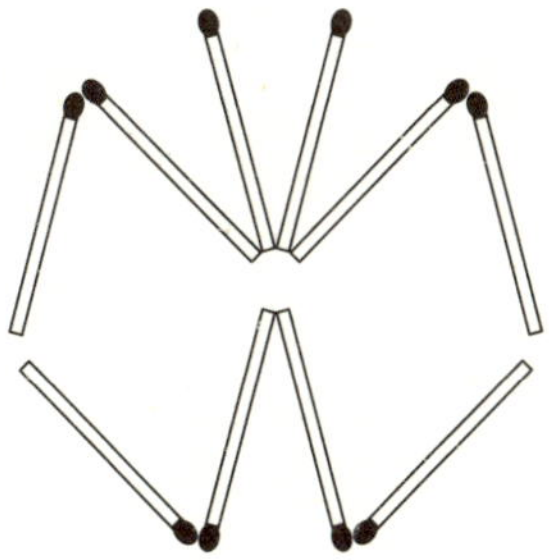

A. 1　　B. 2　　C. 3　　D. 4

答案与解析

答案：C

解析：答案如图所示。

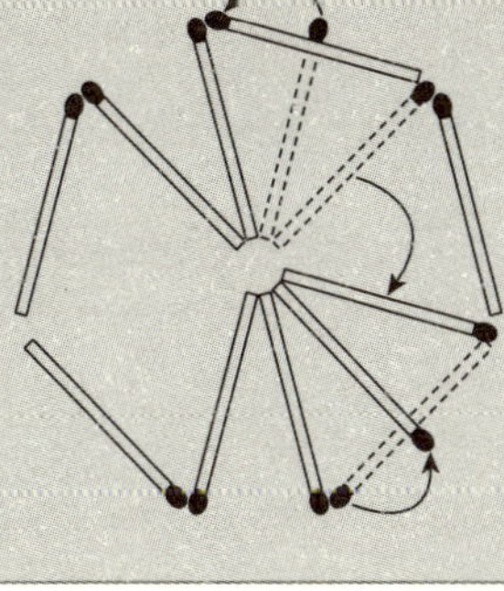

52+52=20

玻璃桌上用火柴摆着一组“等式”，请问至少需要操作几根火柴，才能使这个等式成立（移动一根火柴或去掉一根火柴都算作“操作一根火柴”）？

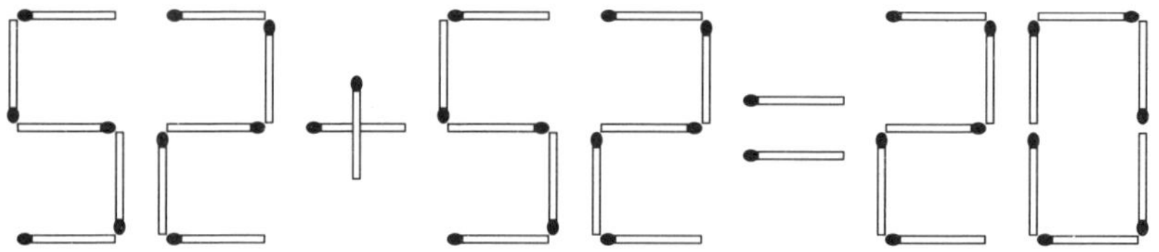

A. 1　　B. 2　　C. 3　　D. 4

E. 其他解

答案与解析

答案：E

解析：注意这是一个玻璃桌。从玻璃桌下方往上看时，看到火柴组成了如下（成立的）等式，而不需要操作一根火柴。因此，正确答案为0根，对应E选项。

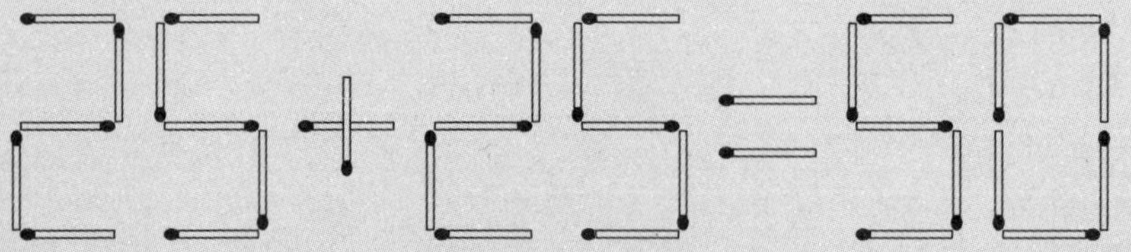

Part 9

创新思维

创新思维是指以新颖独特的方法解决问题的思维过程，通过这种思维能突破常规思维的界限，以超常规甚至反常规的方法、视角去思考问题，提出与众不同的解决方案，从而产生新颖的、独到的、有社会意义的思维成果。创新思维包括了差异性创造思维、探索式创新思维、优化式创新思维和否定型创新思维。

光是死板的计算在这里不一定能行得通，甚至还会让你绕远路，钻进牛角尖。要想巧解谜题，必须打破思维定式和习惯性思维，利用顺向思维的同时兼故反向。

完美的箭头

智慧镇小学的入学考试里有这样一道题：哪两个大写字母能够组成一个最“完美”的箭头（答案格式按照字母顺序，如：AB BC）？

A. AB　　B. CB　　C. IV　　D. XY

答案与解析

答案：C

解析：I 在上，V 在下组成的箭头最完美。

筷子拼字

托马斯松收拾小厨房的时候不小心把装筷子的容器打翻了，看着散落的筷子，他突发奇想开始拼起了字……请问最少要用几根筷子可以拼出一个“田”字（筷子都是规格一样的）？

A. 2　　B. 4　　C. 5　　D. 6

答案与解析

答案：B

解析：把四根筷子大头一致握成一把，两两并拢捏住，并使上下两端平齐，这样就形成一个近似立方体，从立方体的端面（筷子大头部分）看去，可看到一个没有边框的“田”字。

米字格的陷阱

智慧镇小学的习字课上，每个同学都有自己的练字本，但对一些好奇心重的同学来说，这不仅是练字的工具，也是“认字”的工具。请问在这样的米字格里，你能看出多少个汉字？分别是什么？

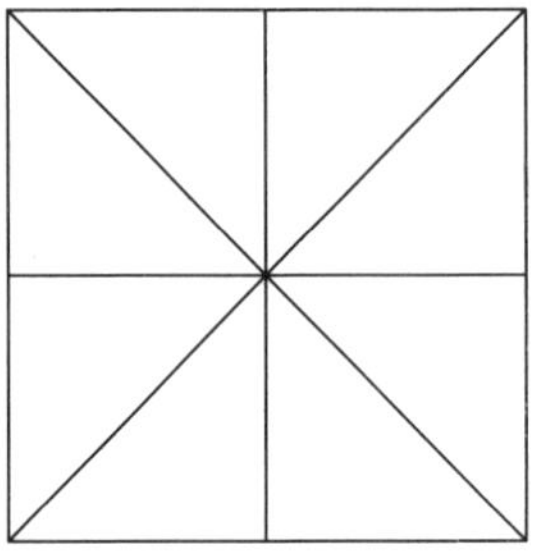

答案与解析

答案：无固定答案。例如，一、二、三、十、土、七、干、王、天、才、上、下、人、入、大、平、玉、口、日、曰、旧、田、木、禾、米、团、困、因、囚、己、已、巴、山、区、凶、冈、出、川、伞、贝……

语文题还是数学题

智慧镇小学的上课铃声刚响，数学老师就遇上了走错教室的语文老师，在同学们的低头窃笑中，语文老师心血来潮给他们出了一道“数学题”，请问下面的括号里应该填什么呢？

1（只）+1（只）=1（双）　　3（天）+4（天）=1（周）

4（点）+9（点）=1（点）　　5（月）+7（月）=1（年）

6（　）+10（　）=1（　）

答案与解析

答案：答案不唯一。例如，6盎司+10盎司=1磅，6两+10两=1斤（古代1斤=16两，所以才说半斤八两）。

英雄没弱点

帕萨贝尔探长发现儿子自从看了几部超级英雄的电影之后就开始对这些英雄们推崇不已，于是他给儿子出了一道题目：

假设超人、钢铁侠、蜘蛛侠、擎天柱是存在的。超人怕氪，最高速度远小于光速；钢铁侠的道具需要提前充电，每次充电只能维持两个小时；蜘蛛侠需要吃足量的蛋白质才能射出蜘蛛丝；擎天柱只有一只手臂能战斗。

现在威震天正在某岛屿上进行自我修复，即将复活，守卫是10个手机变成的微型机器人，拥有来自母星的未知强大武器，有很强的放射性。

势在必行，必须立刻出发，但你只能选择1个人前去完成任务，你会选谁？

答案与解析

答案：擎天柱

解析：超人怕氪，敌方有放射性武器，如果含有氪，选超人会很危险，不是最佳选择；钢铁侠需要充电，战斗性能未必能超过变形金刚，对于有强力武器的守卫，胜算不大；蜘蛛侠身体强壮，可以射出蜘蛛丝，但不足以对抗变形金刚军团；擎天柱虽然独臂，但对变形金刚的武器肯定会很了解，曾单手击败威震天，因此击败10个手机变成的变形金刚不是问题，所以选他。

全世界的语言

作为中文系的学生，托马斯松比一般人更能感受到“语言”的魅力，面对各种文字的奇妙，他根本无法想象，如果全世界只有一种语言，只用一种文字，后果会怎样？请问你能想象出来吗？

答案与解析

答案：地域歧视现象减少。学生不用学第二、第三语言，功课的负担大大减轻了。外文书店、外国语学院一律停办。译制片厂倒闭了，配音演员失业了。除了用来考古，只存在一种字典。世界最终走向大统一。外语教师失业了。旅游业得到进一步繁荣。不同民族的通婚率大大提高了。书店老板发财了。混血儿增多了。文化统一的趋向更明显了。世界将成立报业集团，每日出版一份“世界日报”。翻译家仅仅为了考古、历史而存在。“国家”的概念越来越淡薄。文学的多样性逐渐衰竭。

是你的绿豆沙

托马斯松和舍友打球回来，两人都很口渴，恰好桌上有一碗绿豆沙，两人交换过眼神后决定分而食之，请问在没有称量用具和刻度容器下，怎么分才能让双方都满意？

答案与解析

答案：可以让其中一人先分，另一人选，那么，第一人会按自己认为已经公平的结果分绿豆沙，而第二人会选择他主观认为“多”的那一碗。结果，谁都满意。

怀抱地球的月亮

托马斯松的舍友最近正沉迷科幻小说无法自拔，托马斯松从他那里听到了某本书的一个设定——外星人向地球发射了一颗人造卫星。这颗卫星同月亮一样大，而且运行在月亮所运行的同一条轨道上，从此，两个月亮一前一后围绕着地球转。

请问，如果这个设想成真，会给我们的生活造成什么影响？

答案与解析

答案：潮涨潮落的规律改变了。许多歌曲的歌词需要修改。大多数的人造卫星的正常运转将受到影响。花前月下谈恋爱的人更多了。在荒野夜行比以前方便了。地球外文明终于被证实了。星球大战很可能从科学幻想变为现实。晚上天空更亮了，许多星星凭肉眼看不见了。关于以两个月亮为题材的文学作品将源源不断地出现。恋人的山盟海誓将以此为证。从此历法需要修订。

我要这睡眠有何用

克里博士正在捣鼓一种新型药剂，理想效果是让吃了这种药的人们不再需要睡眠。假设这种药丸如期研发成功并引发了新一波潮流，每个人都在服用，那么会引起什么后果？

答案与解析

答案：不需要闹钟了。再也听不到打鼾声了。人们由一日三餐改为一日五餐，肥胖者越来越多。娱乐业、旅游业能从中得益。家具商店生意萧条多了，床和床垫的销量大大减少。音乐家不必再考虑写摇篮曲了。不需要睡前故事了。无所事事的烦闷增多了。食品商店的营业额大大增加。城市里到处都设有照明灯，使黑夜如白昼，用电量超负荷。婴儿的啼哭声将大大增加。“梦”这个词汇的含义要转化。闲散社会学的研究越来越得到社会学家的重视。夫妻间温存机会减少，离婚率增高。科学家将发明出“美梦机”来满足人们想做美梦的愿望。失业人数急剧增多。人的平均寿命降低。一些人的记忆力丧失，精神萎靡，出现幻觉，如同梦游。犯罪事件随之增多。

巨人族的世界

除了让人不用再把时间花在睡觉上，克里博士还想要所有人都能长成“巨人”。请问，当地球上的居民平均身高为 1.9 米时，会有怎样的后果？

答案与解析

答案：粮食供应将更为紧张。纺织品市场将空前繁荣。公共场所的设施全都要更新。家具将重新设计。体育运动的某些项目将更改。很多世界纪录将被刷新。侏儒将更有价值。交通工具将重新设计。很多小轿车将被送进废品站。

可怕的房价

哈利博士家楼下的工程师最近打算攒钱买房子，他了解购房市场时看中了知识城的一套房子，价格是 200 万元，假设房价每年上涨 10%，而他当软件工程师每年固定能赚 40 万元。如果他想买这套房子，不贷款，不涨工资，没有其他收入，每年不吃不喝不消费，那么他需要几年才能攒够钱买到这套房子？

答案与解析

答案：永远买不起

解析：并不让人感到意外，这道题的答案就是永远买不起。这背后的数学道理就是，线性的增长速度毕竟是赶不上指数级的增长速度的。用 Mathematica 画了一个简单的图，按照题目所给数据模拟了 50 年内的房价和收入情况。可见，尽管底数仅仅是 1.1，指数级增长的威力也一如既往的令人震撼。

In[2]:= Plot [{ 200 (1.1^n), 40n }, { n, 0, 50 }]

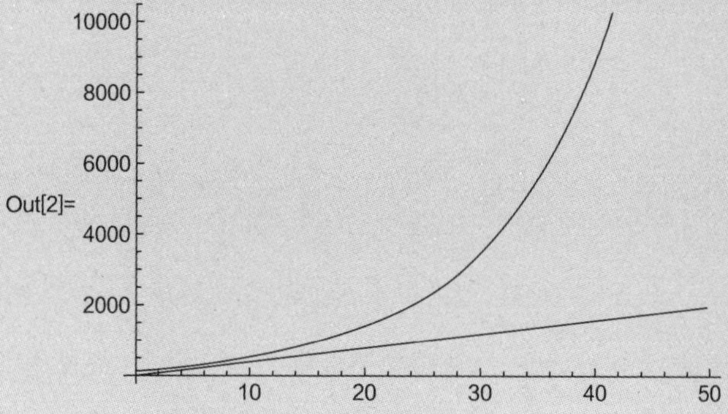

图书在版编目（CIP）数据

挑战福尔摩斯．玩转发散思维游戏 / 33IQ 在线思维训练平台编．—2 版．—北京：中国法制出版社，2020.11

ISBN 978-7-5216-1446-6

Ⅰ．①挑… Ⅱ．①3… Ⅲ．①智力游戏 Ⅳ．①G898.2

中国版本图书馆 CIP 数据核字（2020）第 216699 号

策划编辑：薛强

责任编辑：李宏伟（lhwstc@163.com） 封面设计：古涧文化 杨鑫宇

挑战福尔摩斯．玩转发散思维游戏

TIAOZHAN FUERMOSI. WANZHUAN FASAN SIWEI YOUXI

编者 / 33IQ 在线思维训练平台

经销 / 新华书店

印刷 / 北京海纳百川印刷有限公司

开本 / 710 毫米 ×1000 毫米 16 开 印张 / 12.75 字数 / 183 千

版次 / 2020 年 11 月第 2 版 2020 年 11 月第 1 次印刷

中国法制出版社出版

书号 ISBN 978-7-5216-1446-6 定价：42.00 元

北京西单横二条 2 号 邮政编码 100031 传真：010-66031119

网址：http://www.zgfzs.com **编辑部电话：010-66054900**

市场营销部电话：010-66033393 **邮购部电话：010-66033288**

（如有印装质量问题，请与本社印务部联系调换。电话：010-66032926）